황예지, 너의 의미, 2023
Yezoi Hwang, The meaning of you, 2023

October 29 Memorial Alley

포스트잇

초등학교 시절 방과 후 돌아온 집은 항상 적막했다. 어둠이 내려앉기 시작한 아파트의 주방에 들어서면 하얀색 냉장고에 엄마가 남겨놓은 포스트잇이 붙어 있었다. 그 메모에는 저녁 반찬이 어느 칸에 있는지, 냉동실에 얼려 놓은 밥은 어떻게 데워 먹으라는 등의 기능적인 내용이 대부분이었지만, 그 연노란색의 포스트잇은 엄마의 부재가 영원하지 않을 거라는 위안을 주는 존재였다.

얼굴도 이름도 모르는 이들의 죽음을 애도하는 수만 장의 포스트잇에 남겨진 다정하고 애잔한, 때로는 행동을 촉구하는 결의에 차 있는 글은 단지 추모의 표현을 넘어, 너와 내가 서로 연결되어 있음을, 우리가 한 공간에서 함께 살아가는 공통분모가 있는 존재임을 그 작은 네모안에 손으로 쓰인 문장을 통해 전하고 있다.

일상적인 공간에서조차 안전을 지켜주지 못해 죄송합니다.
그곳에서 편히 쉬세요.
저희는 잊지않고 바꿔가겠습니다.
— 어느 시민의 포스트잇 메세지

권준호 (일상의실천 디자이너)

A Post-it

When I was in elementary school, the home I came back after classes was always silent. As the evening darkness began to settle, I would step into the kitchen of my apartment, and there on the white refrigerator was a post-it note left by my mother. Most of the messages were practical— which compartment held the side dishes for dinner, how to reheat the rice she had frozen in the freezer—yet that pale yellow post-it carried more than instructions. It was a quiet reassurance that my mother's absence was not forever.

The thousands of post-it notes left in mourning for the lives of strangers—faces and names unknown—were filled with tender, aching words, sometimes even firm calls to action. More than mere expressions of grief, the handwritten sentences in those small squares spoke of connection: that you and I are bound together, that we share a common ground in living within the same space.

I'm sorry for failing to make sure you are safe even in everyday spaces.
May you rest in peace.
We won't forget, and make a difference.
– A message on a post-it

Kwon Joonho (Designer, Everyday Practice)

황예지, 하나 둘 모여 나타난 길, 2023
Yezoi Hwang, The alley that came together one by one, 2023

〈10·29 기억과 안전의 길〉은 미완성입니다.

October 29 Memorial Alley remains unfinished

Håper det går bra med alle i dag som husker den kvelden.

2022년 10월 29일 밤, 이곳에서 참사가 벌어졌습니다.
그날로부터 159명이 목숨을 잃었습니다.
지금, 여기에서 사라진 사람들의 빈자리를 봅니다.
이 참사가 얼마나 많은 사람들의 삶에
흔적을 남겼는지 가늠조차 할 수 없습니다.

Пусть все, кто помнит ту ночь, найдут покой.

희생자와 유가족 그리고 생존자와 구조자,
이태원의 지역 주민, 상인, 노동자…
그날의 시간을 겪는 모든 사람을 기억합니다

Gửi những ai đang nhớ về đêm ấy, chúc bạn một ngày an yên.

당신이 서 있는 이곳
〈10·29 기억과 안전의 길〉은 아직 완성되지 않았습니다.
기억해야 할 얼굴들, 부르지 못한 이름들이 남아 있기 때문입니다.
아직 부르지 못한 이름을 새기고
누구나 안전하고 존엄하게 이 길을 걸을 수 있을 때
비로소 완성될 것입니다.

ඒ රාත්‍රිය මතක ඇති සැමට සුබ දවසක් වේවායි ප්‍රාර්ථනා කරමි

우리에겐 아직 기억해야 할 이름들이 있습니다.
부디, 그날 밤을 기억하는 모두의 오늘이
안녕하기를 바랍니다.

Mögen alle, die sich an diese tragische Nacht erinnern, Frieden finden.

O'sha kunni eslagan hammaga kuningiz yahshi o'tishini tilayman

باشد همه کسانی که آن شب دردناک را به یاد دارند، روز بهتری داشته باشند.

あの夜を記憶する全ての人々の今日が、どうか安寧でありますように.

记得那个晚上的人啊，祈愿你平安度过每一天!

Сол қайғылы түнді еске алушы баршаңызға бүгінгі күн сәтті өтсін деп тілейміз

ขอให้ทุกคนที่ยังจดจำค่ำคืนนั้นได้ดี อยู่กับวันนี้อย่ งมีคว มสุข.

Que tous ceux qui se souviennent de cette nuit aillent bien aujourd'hui.

On the night of October 29, 2022, tragedy struck this very spot. On that fateful night, 159 souls were taken. Now, in this place, we sense the absence of those we lost. The depth of the scars this calamity inflicted on numerous lives is immeasurable.

We hold in our hearts the victims, their grieving families, the survivors, the brave rescuers, the community of Itaewon—its residents, merchants, and workers.
All who suffer from that harrowing moment are remembered.

Where you now stand, October 29 Memorial Alley is not yet complete.
Still, there remain faces to be remembered and names not yet spoken.
Only once every name is acknowledged, and all can tread this path safely and with respect, will it truly be complete.

May we eternally carry the names of all affected in our hearts.
May all who remember that tragic night find peace.

10·29
기억과 안전의 길
웹페이지

아린 밤의 외투
– 10·29 이태원 참사 1주기 추모 사진을 전하며

2022년 10월 29일, 핼러윈에는 약속이 있어 길을 나섰다. 이른 시간부터 이태원에는 인파가 몰렸다. '일 년에 한 번, 모두가 즐기는 핼러윈이니까!' 고개를 끄덕이며 한껏 상기된 얼굴들을 지나쳤다. 반나절이 채 지나지 않아 집으로 돌아오는데 거리 곳곳이 가로막혀 있었다. 거리에서 사람들이 서로를 살렸다고. 또, 잃었다고 했다.

소중한 이를 잃은 사람들이 거리에서 싸우기 시작했다. 국가를 향해 안전할 권리를 외쳤다. 참담함과 묘한 기시감에 어떤 말을 붙이기 어렵다고 느끼던 찰나.국가는 국가 애도 기간을 선포하고 사안을 황급히 덮는 모습을 보였다. 공백과 침묵을 종용하는 일. '가만히 있으라'는 말이 선연하게 떠올랐다.

물결처럼 거리에 일던 포스트잇의 면적이 좁혀졌다. 분향소가 있던 자리에서 공연이 열렸다. 근방에는 형형색색의 조명으로 야간 경관이 꾸며졌다. 거리는 다시 사람들로 북적이는데 어쩐지 헛헛한 기분이 들었다. 애도가 제대로 이뤄졌다고 느끼지 못했기 때문이었다. 내가 살아가는 시대에 참담함은 자꾸만 몸에 그려지는데, 좋은 애도가 무엇인지 그려지지 않는 것이 서글펐다.

일 년이 지났다. 누구에게는 일 년이 빠르게 느껴졌을 것이고, 누구에게는 살이 아리도록 지난한 시간이었을 거다. 참사를 떠올리는 건 괴로운 일이지만, 떠나간 이들이 얼마나 빛났는지 기억하는 건 비단 괴로운 일만은 아니지 않을까. 나는 생의 구체성을 그리는 게 좋은 애도의 조건이라 믿는다. 그들이 얼마나 빛나는지 기억하며, 우리가 아린 밤의 외투가 되어준다면 좋겠다. 그런 마음으로 내가 가진 사진 중에 손에 꼽는 찬란한 사진을 보탠다.

이 길에 방문하기를, 그날을 떠올리기를 주저한 이들에게 이 사진이 추모의 좋은 배경지 역할을 하길 바라며…

황예지 (사진가, 이태원 주민)

The Coat of an Aching Night
Sharing photographs of tribute on the first anniversary of the 10/29 Itaewon Disaster

On October 29, 2022, I had plans for Halloween, so I went out. From early on, Itaewon was already crowded. "It's Halloween, the one day of the year everyone enjoys!" I thought, as I passed faces glowing with excitement. But in less than half a day, when I returned home, the streets were blocked everywhere. People said that on those streets, lives had been saved—and also lost.

Those who lost their loved ones began to fight on the streets, raising their voices to the state for their right to safety. In the midst of the devastation and the strange sense of déjà vu, I found myself at a loss for words. The government declared a period of national mourning, then hurriedly moved to cover things up—pressuring silence, pressing for emptiness. The words "stay put" resurfaced sharply in my mind.

The waves of sticky notes that had filled the streets began to shrink. Performances were held at the site where the incense altar once stood. Nearby, colorful lights were installed to create a nightscape. The streets bustled with people again, yet an emptiness lingered. Because I could not feel that mourning had been properly carried out. In this era I live in, tragedy keeps etching itself onto our bodies, but the shape of true mourning remains elusive, and that sorrow weighed heavily.

A year has passed. For some, the year must have flown by; for others, it was an excruciating time that cut to the bone. To recall the disaster is painful, but to remember how radiant those who left us were—perhaps that is not only pain. I believe that drawing out the concreteness of their lives is the condition for good mourning. Remembering how brightly they shone, may we become the coat that warms the aching night. With that in my heart, I share one of the most radiant photographs I have ever taken.

I hope this photograph serves as a meaningful backdrop for mourning for those who hesitate to visit this street, or to recall that day.

Yezoi Hwang (Photographer, Itaewon Resident)

10·29 기억과 안전의 길

〈10·29 기억과 안전의 길〉은 미완성입니다. 2022년 10월 29일 밤, 이곳에서 참사가 벌어졌습니다. 그날로부터 159명이 목숨을 잃었습니다. 지금, 여기에서 사라진 사람들의 빈자리를 봅니다. 이 참사가 얼마나 많은 사람들의 삶에 흔적을 남겼는지 가늠조차 할 수 없습니다. 희생자와 유가족 그리고 생존자와 구조자, 이태원의 지역 주민, 상인, 노동자… 그날의 시간을 겪는 모든 사람을 기억합니다. 당신이 서 있는 이곳 〈10·29 기억과 안전의 길〉은 아직 완성되지 않았습니다. 기억해야 할 얼굴들, 부르지 못한 이름들이 남아 있기 때문입니다. 아직 부르지 못한 이름을 새기고 누구나 안전하고 존엄하게 이 길을 걸을 수 있을 때 비로소 완성될 것입니다. 우리에겐 아직 기억해야 할 이름들이 있습니다.

메시지 창

익명의 댓글 중 일부는 상처 입은 이들의 마음을 더 아프게 만드는 내용이었다. 나는 이런 댓글을 읽을 때면 알 수 없는 누군가의 사적인 문자 메시지를 상상한다. 서로의 안부를 묻거나, 희생에 대해 이야기하며 슬퍼했을 메시지들. 상상이지만 이와 같은 메시지가 있었고, 있을 것이라 믿는다. 드러나지 않아 보이지 않을 뿐이다.

주용성 작가의 사진을 보며 도시 속 수많은 사람을 떠올렸다. 사진엔 보이지 않지만 그의 카메라 셔터가 열렸다 닫히는 순간, 건물 속과 거리엔 많은 사람이 있었을 것이다. 마치 우리가 직접 마주할 수 없지만 상상할 수 있는 메시지처럼 말이다. 그 메시지를 드러내 전하고 싶었다.

나도 그날 이곳에 있었어. 두세 시간 남짓한 차이로 나는 살아남았어. 단순한 우연으로. 너희들을 핑계 삼아 내가 삶에서 도망치려 하나 싶은 생각도 들었어. 내가 너무 비겁하고 후진 것 같아서 너희들을 마주하기도 참 미안해. 그래도 그래도 그냥 꼭 와봐야 할 것 같아서 이렇게 왔는데, 무슨 말을 해야 할지 모르겠어. 아무 말도 그 어떤 말도 건넬 자격이 없는 것 같아서 나는 그냥 눈에 담고 갈게. 너희들을 우리가 감히 교훈 삼아야 할까. 나는 그냥 너희가 행복했으면 좋겠어."

* 이 메시지는 *10 · 29* 이태원 참사의 익명 생존자가 남기고 간 이야기입니다.

물질과 비물질 (디자인 팀)

Message Window

Some anonymous online comments only deepened the wounds of those already in pain. Whenever I read such words, I imagine personal text messages exchanged by people unknown to me—messages where they might have asked after one another's wellbeing, or grieved together over the lives lost. It is only imagination, but I believe such messages existed, and still exist. They are simply unseen, hidden from view.

Looking at photographer Joo Yongseong's work, I was reminded of the countless people who inhabit the city. Though unseen in the photograph, in the very moment his camera shutter opened and closed, there must have been many people inside the buildings and on the streets. Just like the messages we cannot directly witness but can imagine. I wanted to make visible and convey those messages.

I was here, too, on that day. By a difference of only two or three hours, I survived. By mere coincidence. Sometimes I wonder if I've been using you as an excuse to run away from my own life. I've felt so cowardly, so small, that I feel really sorry to face you. And yet, and yet... I felt I just had to come. So here I am, but I don't know what to say. I feel I don't deserve to say anything at all, so I will simply hold you in my eyes and leave. I don't know if we should dare to draw lessons from you. I just want you to be happy.

* A message left by an anonymous survivor of the 10/29 Itaewon Disaster

Matter and Non-matter (design team)

Пусть все, кто помнит ту ночь, найдут покой.
나도 그날 이곳에 있었어. 두세 시간 남짓한 차이로 나는 살아남았어. 단순한 우연으로. 너희들을 핑계 삼아 내가 삶에서 도망치려 하나 싶은 생각도 들었어. 내가 너무 비겁하고 후진 것 같아서 너희들을 마주하기도 참 미안해. 그래도 그래도 그냥 꼭 와봐야 할 것 같아서 이렇게 왔는데, 무슨 말을 해야 할지 모르겠어. 아무 말도 그 어떤 말도 건넬 자격이 없는 것 같아서 나는 그냥 눈에 담고 갈게. 너희들을 우리가 감히 교훈 삼아야 할까. 나는 그냥 너희가 행복했으면 좋겠어.
* 이 메시지는 10·29 이태원 참사의 익명 생존자가 남기고 간 이야기입니다.
Gửi những ai đang nhớ về đêm ấy, chúc bạn một ngày an yên.
دنشاب هتشاد یرتهب زور ،دنراد دای هب ار کاندرد بش نآ هک یناسک همه دشاب.
〈10·29 기억과 안전의 길〉 웹페이지
May we eternally carry the names of all affected in our hearts.
ขอให้ทุกคนที่ยังจดจำคำคืนนั้นได้ดี อยู่กับวันนี้อย่างมีความสุข.

사진 | 주용성, 떠나간 이들을 기억하는 풍경, 2023
디자인 | 물질과 비물질

무언가에 가까이 다가가려는 사람들

헤아릴 수 없는 삶의 기억을 간직한 이들이 이태원참사로 우리 곁을 떠나간 2022년 10월 29 일 이후에도, 우린 많은 것이 그대로이며, 또 많은 것이 변하기도 한 세상을 마주하고 있습니다.

어느 순간 우리는 참사에 대해 이야기하고 슬픔에 공감하는 일을 정치적인 행위로 취급하고, 죽은 이들을 기억하려는 노력에 경제적인 이윤을 따져가며 냉소하는 사람들을 쉽게 볼 수 있습니다.

또 국가가 설정했던 애도 기간은 제각기 다른 추모의 마음을 멋대로 재단하고, 그 경험 일체를 현재의 일상에서 분리해 영원히 과거에 머물게 하려는 시도로 보이기도 했습니다.

그럼에도 무언가에 가까이 다가가려는 사람들의 연대와 실천은 텅 빈 거리와 상처 입은 사람들의 마음 구석구석을 용기로 채워가고 있습니다. 이태원 참사를 기억하는 사람들의 이야기가 가정과 학교, 그리고 거리와 직장에서 끊이지 않기를 바랍니다.

주용성 (사진가)

People Who Try to Get Closer to Something

Even after October 29, 2022, when those who held countless memories of life left us in the Itaewon Disaster, we face a world where much has remained the same, yet much has also changed. At some point, people often see talking about the disaster and grieving together as a political act, and mock the efforts to remember the deceased by weighing them against economic gains.

The official mourning period declared by the state seemed like an attempt to cut apart each person's mourning, to confine all those experiences to the past, severed from the daily lives of the present.

And yet, the solidarity and actions of those who try to get closer to something continue to fill the empty streets and the corners of wounded hearts with courage.

I hope the stories of those who remember the Itaewon Disaster will never cease—at home, in schools, on the streets, and in workplaces.

Joo Yongseong (Photographer)

사진. 주용성, 떠나간 이들을 기억하는 풍경, 2023

Yongseong Joo, A landscape that remembers those who have left, 2023

〈10·29 기억과 안전의 길〉은 미완성입니다.
2022년 10월 29일 밤, 이곳에서 참사가 벌어졌습니다.
그날로부터 159명이 목숨을 잃었습니다.
지금, 여기에서 사라진 사람들의 빈자리를 봅니다.
이 참사가 얼마나 많은 사람들의 삶에 흔적을 남겼는지
가늠조차 할 수 없습니다. 희생자와 유가족 그리고
생존자와 구조자, 이태원의 지역 주민, 상인, 노동자…
그날의 시간을 겪는 모든 사람을 기억합니다.
당신이 서 있는 이곳 〈10·29 기억과 안전의 길〉은
아직 완성되지 않았습니다. 기억해야 할 얼굴들,
부르지 못한 이름들이 남아 있기 때문입니다.
아직 부르지 못한 이름을 새기고 누구나 안전하고 존엄하게
이 길을 걸을 수 있을 때 비로소 완성될 것입니다.
우리에겐 아직 기억해야 할 이름들이 있습니다.
부디, 그날 밤을 기억하는 모두의 오늘이 안녕하기를 바랍니다.

October 29 Memorial Alley remains unfinished.
On the night of October 29, 2022, tragedy struck this very spot.
On that fateful night, 159 souls were taken.
Now, in this place, we sense the absence of those we lost.
The depth of the scars this calamity inflicted on numerous lives is immeasurable. We hold in our hearts the victims, their grieving families, the survivors, the brave rescuers, the community of Itaewon—its residents, merchants, and workers.
All who suffer from that harrowing moment are remembered.
Where you now stand, October 29 Memorial Alley is not yet complete. Still, there remain faces to be remembered and names not yet spoken. Only once every name is acknowledged, and all can tread this path safely and with respect,
will it truly be complete. May we eternally carry the names of all affected in our hearts.

〈10·29 기억과 안전의 길〉
웹페이지

부디, 그날 밤을 기억하는 모두의 오늘이 안녕하기를 바랍니다.

Håper det går bra med alle i dag som husker den kvelden.

Пусть все, кто помнит ту ночь, найдут покой.

Gửi những ai đang nhớ về đêm ấy, chúc bạn một ngày an yên.

ඒ රාත් රිය මතක ඇති සැමට සුබ දවසක් වේවායි ප් රාර්ථනා කරමි

Mögen alle, die sich an diese tragische Nacht erinnern, Frieden finden.

O'sha kunni eslagan hammaga kuningiz yahshi o'tishini tilayman.

Сол қайғылы түнді еске алушы баршаңызға бүгінгі
күн сәтті өтсін деп тілейміз

ขอให้ทุกคนที่ยังจดจำค่ำคืนนั้นได้ดี อยู่กับวันนี้อย่างมีความสุข.

Que tous ceux qui se souviennent de cette nuit aillent bien aujourd’hui.

برای تمام کسانیکه آن شب را به خاطر دارند روزی پر آرامش آرزومندیم.

あの夜を記憶する全ての人々の今日が、どうか安寧でありますように.

记得那个晚上的人啊, 祈愿你平安度过每一天!

기획 | 김덕진·랄라·송해진·이미현·이진우·자캐오·최정주·한희 예술감독 | 권은비 아티스트 자문 및 웹페이지 | 홍진훤 번역 및 감수 | 서울셀렉션·Chaminda Kumara(스리랑카어)·김나은(우즈벡어)·엘레오노라 카자흐어)·칼렐리 파테메(이란어)
교정·교열 | 이은정 참여 작가 | 김현·유현아 디자인 | 산책자 바닥 조명 | (주)키이씨환경디자인 제작 | 간판의 탄생

십 년 전 어떤 날부터 오늘까지

위로하는 것, 사과하는 것, 용서하는 것, 책임지는 것에 대해 생각해 본다. 나는 누군가를 따뜻하게 위로할 수 있는가, 잘못했을 때 올바르게 사과할 수 있는가, 그리고 누군가 사과했을 때 온전히 용서할 수 있는가, 책임진다는 것이 무엇인지 알고 제대로 하고 있는가. 어떤 것도 쉽지 않고 제대로 하고 있지 못한 것 같다. 때로는 적당히 넘어가거나 잊어보려 했다. 하지만 그것 또한 쉽지는 않은 것 같다.

김현 선생님의 글은 십 년 전 4월부터 오늘에 이르는 시간에 대해 다시 생각하게 했다. 글줄 사이사이, 단락 사이사이에 많은 것을 꾹꾹 눌러 글을 써주신 것 같았다. 말로 담을 수 없는 한숨과 침묵들이 글 사이사이에 있는 것 같았다. 그래서 보이지 않는 호흡과 시간을 담는 마음으로 작업했다. 어떤 사물을 아주 가까이 보면 오히려 그 초점이 흐려져 뿌옇게 보이곤 한다. 우리의 4월과 10월을 가까이 보면 그 자체는 뿌옇게 보이겠지만 사이의 다른 것들이 선명해질지도 모른다. 천천히 읽어 내려가다 보면 기억이 나고 숨이 다시 차오를지도 모른다.

기억이 나면 유현아 선생님이 말하는 초록마녀를 만나게 될지도 모른다. 그리고 초록마녀가 만든 소리를 듣게 될지도 모르겠다. 작업하는 내내 초록마녀가 닦는 소리는 어떤 소리일지 계속 상상했다. 나는 아직 초록마녀를 만나지 못했지만 누군가가 바스락거리며 쪽지를 펼치는 소리는 들은 것 같다. 고이 접어놓은 쪽지들을 소중히 하나씩 펼쳐보는 어떤 순간, 그리고 그것이 어떤 소리로 만들어지는 그런 순간을 떠올리며 작업했다. 초록마녀를 만나게 되기를 고대하면서.

손혜인 (디자이너)

From a Day Ten Years Ago Until Today

I think about what it means to comfort, to apologize, to forgive, and to take responsibility. Am I capable of truly comforting someone with warmth? When I've done wrong, can I apologize properly? When someone apologizes to me, can I fully forgive them? Do I understand what it means to take responsibility, and do I live it out? None of these are easy. I don't think I've done any of them well. At times I tried to let things pass, to forget them. But even that, too, has never been easy.

The writing of Kim Hyun made me reflect again on the span of time from April, ten years ago, to today. It felt as though so much had been pressed tightly between the lines and paragraphs. Between the words lay sighs and silences too heavy to put into language. That's why I worked with the heart of holding invisible breaths and unseen time. When you look very closely at an object, the focus can blur, and it becomes hazy. Perhaps if we look closely at our April and our October, they themselves may blur, but what lies in between might come into sharper view. As you read slowly down, memories may return, and breath may begin to flow back in.

When the memories return, maybe you will encounter the green witch that Yoo hyeonah spoke of. Maybe you will hear the sound she makes. Throughout the process of working, I kept imagining what the sound of the green witch wiping things clean would be. I have not yet met her, but I think I have heard the sound of someone gently unfolding a note. That moment of carefully opening a folded slip of paper, treasuring it one by one—that sound, that moment—I carried in mind as I worked.
All the while, longing for the day I might meet the green witch.

Heiin Son (Designer)

하루의 의미

연말이나 연초에 새 달력이 생기면 가장 먼저 올해 빨간날은 며칠인지, 연차를 붙여 최대한 길게 쉴 수 있는 날은 언제인지, 내가 태어난 날과 내가 아끼고 나를 아끼는 이들의 생일은 무슨 요일인지 등을 살핀다. 날짜에 동그라미를 치기도 하고, 작은 칸 여백에 더 작은 글자를 써넣으면서 아직 오지 않은 날의 기쁨을 앞당겨 경험해 보기도 한다. 혹시나 지난해에는 챙기고 새해는 챙기지 못하는 일이 생길까 봐 헌 달력을 한 장씩 넘기며 꼼꼼히 보기도 한다. 그러면 어느 날엔가는 꼭 기쁨이 아니라 슬픔이 적혀 있다.

나의 슬픔과 누군가의 슬픔이.

그걸 반으로 나누기 위해, 짊어지기 위해 누구를 만났는지, 무엇을 먹었는지, 어떤 일을 했는지가 연이어 떠오른다.

떠오른다.

이제 이 단어를 볼 때면 언제나 4월의 봄이 먼저 생각난다.

4월의 봄, 하면

이제 10월의 그날이 자연스럽게 떠오른다.

먼저, 자연스럽게, 라는 말의 쓰임이 이토록 무시무시해져도 되는 건가.

동그라미 표시도, 어떤 글자도 적히지 않은 날을 우리는 대개 무심히 넘겨버리고 말지만, 전 세계를 두고 생각해 보면 어느 하루 특별하지 않은 날은 없고, 그러기에 어느 하루 특별하지 않은 사람도 없다. 하루, 라는 삶의 단위를 최초로 고안한 이가 우리에게 전하고 했던 메시지는 무엇이었을까? 하루의 의미를 곱씹다 보면 먼저, 자연스럽게 하루를 잃어버린 사람들이 떠오른다.

그들은 떠난 사람들이고 떠나보낸 사람들이다.

그들에게 어떻게 하루를 되찾아 줄 수 있을까? 누가, 무엇이 그럴 수 있을까? 기억이? 기억하려는 사람들이? 진실이? 진실을 찾으려는 사람들이? 당신이? 어쩌면 우리가?

하루를 소중히 여기세요.

기억해주세요.

김현 (시인)

The Meaning of a Day

When I get a new calendar at the end of the year or the start of a new one, the first thing I do is check how many public holidays there are, on which days I can connect my vacation days to make the longest breaks, and what day of the week my birthday falls on, along with the birthdays of those I love and who love me. I circle dates, jot tiny notes into the margins of the little squares, and in doing so, I get to taste in advance the joys of days that haven't yet arrived. Sometimes, afraid I might overlook something I marked last year, I flip through the old calendar page by page, checking carefully. And then, inevitably, I come across a day not of joy, but of sorrow.

My sorrow, and someone else's sorrow.

I recall who I met, what I ate, what I did to share it, to shoulder it.

Recall.

Now, whenever I see the word recall, I first think of the spring of April.

And when I think of the spring of April,

the day in October naturally follows.

But is it right that the word first, and naturally should come to carry such terror?

We often indifferently pass by days with no circles, no words written in their boxes. But if we take the whole world into view, there is no day that is not special, and therefore, no day that is not special for someone. What message did the one who first conceived of the unit of life called a day wish to give us?
As I reflect on the meaning of a day, I think first—and naturally—of those who have lost their days.

They are the ones who departed, and the ones who were left behind.

How can we return a day to them? Who, and what can do that? Remembrance? Those who choose to remember? Truth? Those who seek the truth? You? Perhaps us?

Treasure each day.

Please, remember.

Kim Hyun (Poet)

우리 사이 — 김현

생각해 보면 4월과 10월 사이에는

5월이
6월이
7월이
8월이
9월이 있다

5월에는 어린이날, 어버이날, 스승의 날이
6월에는 현충일이
7월에는 제헌절이
8월에는 광복절이
9월에는 청년의 날과 푸른 하늘의 날이

진실하게
역사적으로

4월과 10월 사이
어떤 사람은 죽을 때까지 생각할
어떤 사람은 한 번도 생각해본 적 없는 그 사이

여름이 시작되고(입하), 농사가 시작되고(소만), 씨앗이 시작되고(망종)
낮이 시작되고(하지), 더위가 시작되고(소서), 폭염이 시작되고(대서)
가을이 시작되고(입추), 감기가 시작되고(처서), 이슬이 시작되고(백로)
밤이 시작되고(추분)

라일락과 장미가 피고
떠나는 철새와 돌아오는 철새
어머니와 아버지가; 그러니까 나와
사랑이; 바로 당신
우정이; 그리고 우리는
태어났다
그들이 하늘나라로 떠난 사이

한 (죽은) 사람은
5월, 태어나 처음으로 성년이 되고
6월, 태어나 처음으로 연애 중
7월, 태어나 처음으로 아이스 아메리카노를 마시고
8월, 태어나 처음으로 기쁨의 눈물을 배우고
9월, 태어나 처음으로 뽀뽀한다면

한 사람뿐이겠는가

4월과 10월 사이에서 여전히 삶을 꿈꾸는 이가
꿈에서라도 만날 수 있다면

사랑하는 사람들은 언제나
네 개의 손가락으로 영원을 약속하는데
나머지 열여섯 개의 손가락들은 무엇을 위한 것일까?

숫자
1, 2, 3 다음에는 4
4와 10 사이에는
5, 6, 7, 8, 9
10 다음에는 11, 12
언제나 그런 것은 아니다

모든 걸 잃어버린 이후
4 다음도 0
10 다음도 0

0을 사는 사람들 사이에 우리가 있다

생각해 보면

우리라고 해서,
우리도 어쩌면,
우리 사이에도 우리가 필요할지도 모르기에

초록마녀는 나에게 이런 쪽지를 보냈어 — 유현아

별을 노래하고 바람을 이야기하고 싶었어.
풀을 사랑하고 날아다니는 것들에 대해 연주하고 싶었어.
하지만 도시에 산다는 것은 그럴 수 없다는 걸 알아.

오래전 수업 시간에 갑자기 엉엉 울어버린 적이 있었어.
지금은 생각나지 않지만 그땐 그 이유가 아주 중요한 문제였지.
갑자기 울어버린 통에 선생님께 불려 갔어.

"시간이 지나면 저절로 사라져. 너무 슬퍼하지 마라."
선생님이 해준 위로 때문에 더 서러운 하루였지.

다음 날 내 책상 서랍 속에 쪽지 하나가 들어 있었어.
"난 너와 친구가 되고 싶었어."

내가 먼저 말 걸어주지 않아 나와 같은 마음을 가지고 있던
초록마녀라고 했어.

초록마녀는 소리 닦는 일을 해.
웅덩이에 가득한 슬픔의 소리를 조금씩 떠서 반짝거리는 소리를 만들기도 해.
그림책 속으로 쏙 숨어버리면 따듯한 김이 폴폴 날리는 소리가 나오기도 해.
키득키득 웃다가 모자가 벗겨지면 어쩔 줄 몰라 달아나 버리기도 하지.

나한테만 보여서 설명할 수 없지만
기억의 발걸음을 옮기다 보면 노래를 찾아가는 초록마녀가 있어.
존재하지 않는 눈물을 따라가다 보면
쪽지를 건네주는 힘 센 초록마녀를 본 적이 있을걸.

문을 열면서 '초록마녀'가 나오는 그림책을 찾는 사람이 있을 거야.
그러면 너의 소리를 쪽지에 적어 들려줘,
분명 초록마녀일거야.

초록마녀와 함께 소리지르기

단골 책방에 앉아 책방 주인과 이야기를 나누고 있었습니다. 한 아이가 들어와 '마녀가 나오는 그림책'이 없느냐 묻습니다. 작은 책방을 다 뒤졌지만, 마녀가 나오는 그림책은 없었어요. 우리는 아이에게 너무 미안했습니다. 그림책을 갖다 놓을 테니 다음에 꼭 오라며 약속했어요.

책방 문을 살짝 열고 '마녀'를 호명한 아이의 용기를 곰곰이 되새김해 봅니다.

어떤 위로는 더 슬플 때가 있어요.

남들도 다 슬퍼, 나도 힘들어, 다 괜찮아질 거야, 시간이 지나면 잊혀져…라는 위로

어떤 마녀를 원하는지 알 수는 없지만 아이가 간절하게 부른 마녀는 위키드에 나오는 초록마녀처럼 용기 내어 세상을 향해 소리친 마녀였을 것이라 믿고 싶어요.

괜찮아질 거야, 라는 위로 대신

함께 소리치고 함께 욕하고 함께 슬퍼하고 싶다는 쪽지를 건네는 마녀처럼요.

그래요. 마녀가 누구든 어떻게 생겼든 우린 약속했으니까 약속을 지키는 것이죠. 그때엔 있었지만 지금은 없는, 그때엔 없었지만 지금에 있는, 그때도 지금도 여전한, 그때도 지금도 보이지 않는, 그럼에도 불구하고 여기 있는 사람들의 공간과 목소리를요.

어느날 빼꼼히 얼굴을 들이밀며 용기 있는 마녀가 나오는 그림책을 찾으러 올 한 아이를 기다리며.

유현아 (시인)

Shouting Together with the Green Witch

I was sitting in my usual bookstore, chatting with the owner, when a child came in and asked, "Do you have a picture book with a witch in it?" We searched the entire little shop, but there was none. We felt so sorry for the child. We promised to bring in such a book and told him to be sure to come back next time.

I keep thinking about the courage it took for that child to crack open the bookstore door and call out for a witch.

Some kinds of comfort only make sorrow heavier.

Words like, "Everyone's sad," "I'm struggling too," "It'll all be okay," "Time will make you forget…"

We don't know what kind of witch the child wanted, but I want to believe it was like the green witch from Wicked—the kind who dares to shout at the world.

Not a witch who says "It'll be okay," but one who slips you a note that says, Let's shout together, curse together, and grieve together.

Yes. Whoever the witch is, whatever she looks like, we keep promises because we made them. The spaces and voices of those who were there but are gone, those who were not there but are here now, those who remain the same, and those who were, and still are, unseen.

So we wait—for that child who, one day, will poke his head in again, searching for a picture book with a brave witch inside.

Yoo hyeonah (Poet)

Håper det går bra med alle i dag
som husker den kvelden.

Пусть все, кто помнит ту ночь,
найдут покой.

Gửi những ai đang nhớ về đêm ấy,
chúc bạn một ngày an yên.

ඒ රාත්‍රිය මතක ඇති සැමට සුබ
දවසක් වේවායි ප්‍රාර්ථනා කරමි.

Mögen alle, die sich an diese tragische
Nacht erinnern, Frieden finden.

O'sha kunni eslagan hammaga
kuningiz yahshi o'tishini tilayman.

나에게 이태원은 모두가 저마다의 색으로 빛을 내는 아름다운 곳.
그리고 그 빛이 바래지 않게 서로 지켜주는 울타리 같은 곳.
이태원에 빛을 하나 더 얹게 되어 기쁘다.
사랑스러운 이 거리를 걷는 이들의 빛이 더 밝아지길.

햇빛스튜디오 (디자인 팀)

To me, Itaewon is a beautiful place where everyone shines in their own colors.
And it is a place like a fence, where we protect each other so that those lights never fade.
I am glad to add one more light to Itaewon.
May the lights of those walking this beloved street shine even brighter.

Sunlight Studio (Design Team)

برای تمام کسانیکه آن شب را به خاطر.
دارند روزی پر آرامش آرزومندیم

あの夜を記憶する全ての人々の今日が、
どうか安寧でありますように.

记得那个晚上的人啊，祈愿你平安度过每一天!

Сол қайғылы түнді еске алушы баршаңызға
бүгінгі күн сәтті өтсін деп тілейміз.

ขอให้ทุกคนที่ยังจดจำค่ำคืนนั้นได้ดี
อยู่กับวันนี้อย่างมีความสุข.

Que tous ceux qui se souviennent
de cette nuit aillent bien aujourd'hui.

October 29 Memorial Alley remains unfinished.

On the night of October 29, 2022, tragedy struck this very spot. On that fateful night, 159 souls were taken. Now, in this place, we sense the absence of those we lost. The depth of the scars this calamity inflicted on numerous lives is immeasurable. We hold in our hearts the victims, their grieving families, he survivors, the brave rescuers, the community of Itaewon: it's residents, merchants, and workers. All who suffer from that harrowing moment are remembered.

Where you now stand, *October 29 Memorial Alley* is not yet complete. Still, there remain faces to be remembered and names not yet spoken. Only once every name is acknowledged, and all can tread this path safely and with respect, will it truly be complete.

May we eternally carry the names
of all affected in our hearts.

〈10·29 기억과 안전의 길〉은 미완성입니다.

2022년 10월 29일 밤, 이 곳에서 참사가 벌어졌습니다. 그날로부터 159명이 목숨을 잃었습니다. 지금, 여기에서 사라진 사람들의 빈자리를 봅니다. 이 참사가 얼마나 많은 사람들의 삶에 흔적을 남겼는지 가늠조차 할 수 없습니다. 희생자와 유가족 그리고 생존자와 구조자, 이태원의 지역 주민, 상인, 노동자··· 그날의 시간을 겪는 모든 사람을 기억합니다.

당신이 서 있는 이곳 〈10·29 기억과 안전의 길〉은 아직 완성되지 않았습니다. 기억해야 할 얼굴들, 부르지 못한 이름들이 남아 있기 때문입니다. 아직 부르지 못한 이름을 새기고 누구나 안전하고 존엄하게 이 길을 걸을 수 있을 때 비로소 완성 될 것입니다. 우리에겐 아직 기억해야 할 이름들이 있습니다.

부디, 그날 밤을 기억하는 모두의 오늘이
안녕하기를 바랍니다.

10·29 기억과 안전의 길 웹사이트

이우성, 〈별빛과 함께 걸어갑니다〉, 2024
Woosung Lee, *We're Walking with Starlight*, 2024

햇빛스튜디오 디자인
Designed by Sunnystudio

반짝이는 이태원 밤하늘 아래서
별빛과 함께 걸어갑니다.
잊지 않고 기억하겠다는 마음을
기울어진 길 위에 더듬어 걸으며 새겨봅니다.
이 걸음들이 쌓여 시간이 갈수록 깊고 짙은 글씨가 되어 빛나기를.
별빛과 함께 걸어가겠습니다.
“우리 오늘 이태원 갈래요?”

이우성 (작가)

Beneath the shimmering night sky of Itaewon
We walk together with the starlight.
We engrave the heart that promises not to forget but to remember,
step by step along the tilted street.
May these footsteps accumulate into letters that grow deeper and
bolder with time, shining brightly.
We will walk on with the starlight.
“Shall we go to Itaewon today?”

Woosung Lee (Artist)

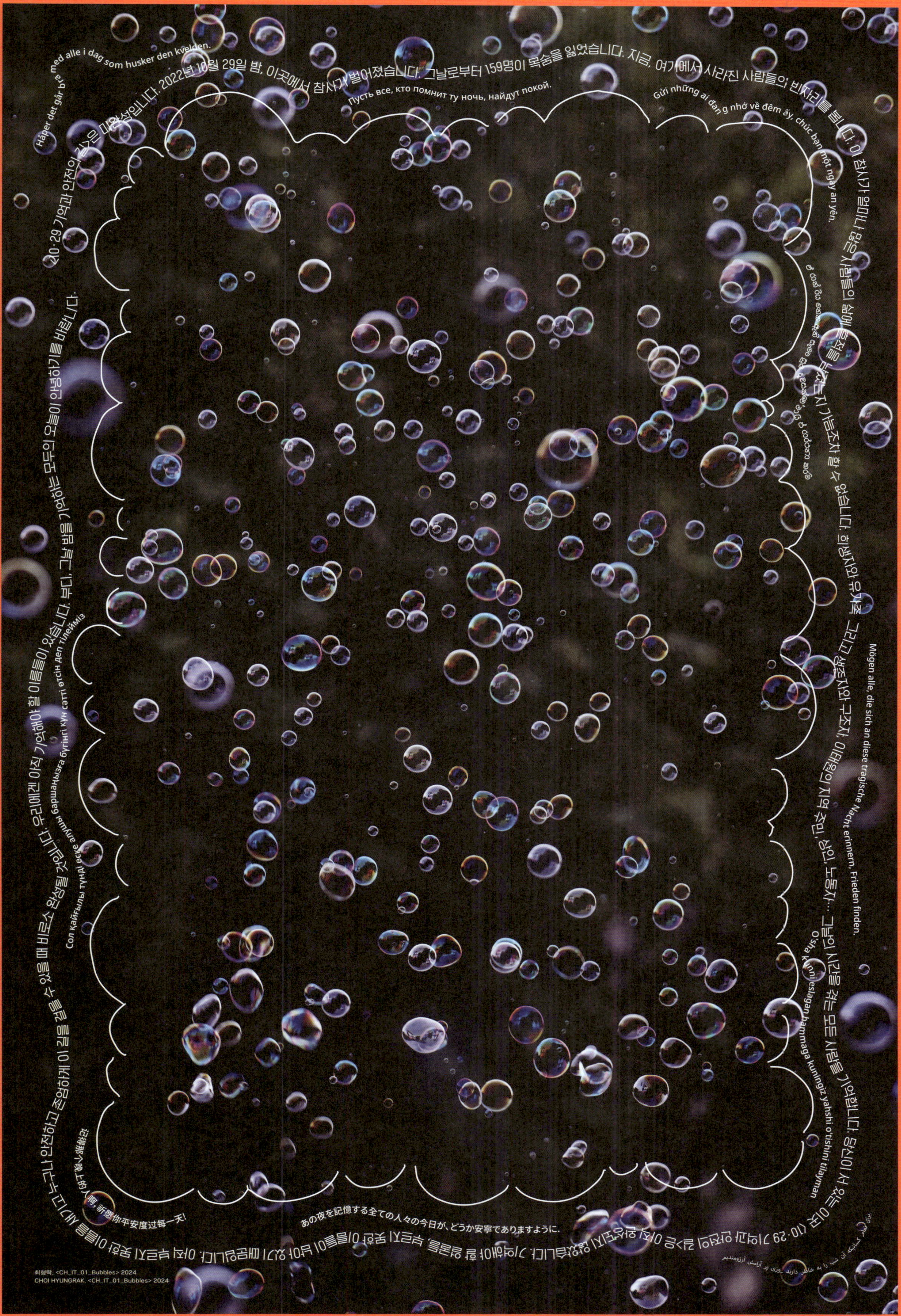

최형락, <CH_IT_01_Bubbles> 2024
CHOI HYUNGRAK, <CH_IT_01_Bubbles> 2024

마주하기

이태원은 이제 기억하고 생성하고 공유하는 장소가 되었습니다. 그것을 받아들이는 것도 받아들이지 않는 것 또한 기억이 되고 있습니다. 작업을 위해 이태원에 서 있으며 어떤 표정을 지어야 할지 몰랐습니다. 하지만 공간에 이미지와 텍스트를 새기며 현장을 마주하는 용기를 내봅니다.

제로랩 (디자인 팀)

Facing

Itaewon has now become a place of remembering, of creating, and of sharing. Both accepting that, and refusing to accept it, have themselves become forms of memory. As I stood in Itaewon for this work, I did not know what expression to wear. Yet by engraving images and text into the space, I try to summon the courage to face the site itself.

Zero Lab (Design Team)

최형락, <CH_IT_02_Street> 2024
CHOI HYUNGRAK, <CH_IT_02_Street> 2024

Gửi những ai đang nhớ về đêm ấy, chúc bạn một ngày an yên.

We hold in our hearts the victims, their grieving families, the survivors, the brave rescuers, the community of Itaewon—its residents, merchants, and workers. All who suffer from that harrowing moment are remembered.

Пусть все, кто помнит ту ночь, найдут покой.

October 29 Memorial Alley remains unfinished. *On the night of October 29, 2022,* tragedy struck this very spot. *On that fateful night,* 159 souls were taken. Now, in this place, we sense the absence of those we lost. *The depth of the scars this calamity inflicted on numerous lives is immeasurable.*

Where you now stand, *October 29 Memorial Alley* is not yet complete. Still, there remain faces to be remembered and names not yet spoken. Only once every name is acknowledged, and all can tread this path safely and with respect, will it truly be complete. May we eternally carry the names of all affected in our hearts.

최형락, <CH_IT_03_Stars> 2024
CHOI HYUNGRAK, <CH_IT_03_Stars> 2024

〈10·29 기억과 안전의 길〉을 만든 사람들

주최
10·29 이태원 참사 유가족협의회, 10·29 이태원 참사 시민대책회의

기획
김덕진, 랄라, 송해진, 이미현, 이진우, 자캐오, 최정주, 한휘

예술감독 권은비
아티스트 자문 및 웹페이지 홍진훤

번역 및 감수 서울셀렉션, Chaminda Kumara(스리랑카어), 김나은(우즈벡어), 엘레오노라(카자흐어), 칼릴리 파테메(이란어)
교정, 교열 이은정

디자인 제로랩 (5회차 빌보드 참여 아티스트)
참여 아티스트 최형락 (5회차 빌보드 참여 아티스트)

바닥 조명 (주)카이씨환경디자인
제작 간판의 탄생

별이 보이는 곳

동그란 방울마다 고유한 빛깔이었다. 매끈한 곡면을 따라 무지개빛 무늬가 서서히 움직였다. 지구 같았고 목성 같았고 푸르고도 붉은 어떤 행성 같았다. 크고 작은 방울들은 하나이거나 둘이거나 셋이었는데, 어떤 것은 솟구쳤고 또 어떤 것들은 자리를 뱅뱅 돌았다. 저마다 궤적이 달랐다.

하늘이 까말수록 별이 선명했다. 별은 밝아지다 어두워지다를 반복했다. 숨을 쉬고 있었다. 크고 작은 별들은 모여있기도 흩어져 있기도, 또 멀리 혼자 있기도 했는데 어디에 있든 그 숨결과 온도가 고유했다.

수채화처럼 빛이 번진 거리에서 사람들을 본다. 다른 얼굴, 다른 표정으로 각기 다른 곳을 보고 있다. 지극히 평범하고도 무해한 얼굴들에서 거기 있었음이 아니라 돌아오지 못함을 생각한다.

그 골목이 따뜻했으면 좋겠다는 말 한마디가 내내 마음에 걸렸다. 그저 백수십의 숫자가 아니라 모두가 고유한 존재였음을 생각했고, 별이 잘 보이는 곳으로 가서 아침이 오지 않기를 바랐다.

최형락 (사진가)

A Place Where Stars Are Seen

Each round droplet held its own color. Along the smooth curve, rainbow patterns slowly shifted. They looked like Earth, like Jupiter, like some planet both blue and red. Large and small droplets appeared alone, or in twos, or in threes—some rose upward, others spun in circles. Each traced its own orbit.

The darker the sky, the clearer the stars became. Stars brightened and dimmed in turn. They were breathing. Some clustered together, some scattered, some stood far away and alone, yet wherever they were, each held its own breath and its own warmth.

On the streets where light spread like watercolor, I see people. Different faces, different expressions, each gazing in a different direction. From faces so ordinary, so harmless, I think not of being there, but of never returning.

The words "I hope that alley was warm" kept weighing on my mind. I thought of how they were not just a number in a hundred or so, but each a unique existence. And I wished they had gone to a place where stars shine clearly, where morning would never come.

Choi Hyungrak (Photographer)

〈10·29 기억과 안전의 길〉은 미완성입니다.

2022년 10월 29일 밤, 이곳에서 참사가 벌어졌습니다. 그날로부터 159명이 목숨을 잃었습니다. 지금, 여기에서 사라진 사람들의 빈자리를 봅니다. 이 참사가 얼마나 많은 사람들의 삶에 흔적을 남겼는지 가늠조차 할 수 없습니다. 희생자와 유가족 그리고 생존자와 구조자, 이태원의 지역 주민, 상인, 노동자… 그날의 시간을 겪는 모든 사람을 기억합니다.

당신이 서 있는 이곳 〈10·29 기억과 안전의 길〉은 아직 완성되지 않았습니다. 기억해야 할 얼굴들, 부르지 못한 이름들이 남아 있기 때문입니다. 아직 부르지 못한 이름을 새기고 누구나 안전하고 존엄하게 이 길을 걸을 수 있을 때 비로소 완성될 것입니다. 우리에겐 아직 기억해야 할 이름들이 있습니다.

부디, 그날 밤을 기억하는 모두의 오늘이 안녕하기를 바랍니다.

골목을 밝히는 가로등의, 밤거리를 떠드는 상점의, 집 안 가득 음식 만드는 냄새와 함께 집 밖으로 흘러나오는 따스한, 빛에 담긴 기억들. 어떤 기억은 빛의 이미지로 남는다. 입에 넣으면 달콤하기도, 얼얼하기도, 짭조름하기도 한 사탕처럼.

양으뜸 (디자이너)

The streetlights brightening the alleys, the shops spilling their noise into the night, the scent of home-cooked meals drifting outside—warm memories contained in light. Some memories remain as images of light. Like candy that, once on the tongue, can be sweet, stinging, or salty.

Yang Euddeum (Designer)

October 29 Memorial Alley remains unfinished.

On the night of October 29, 2022, tragedy struck this very spot. On that fateful night, 159 souls were taken. Now, in this place, we sense the absence of those we lost. The depth of the scars this calamity inflicted on numerous lives is immeasurable. We hold in our hearts the victims, their grieving families, the survivors, the brave rescuers, the community of Itaewon—its residents, merchants, and workers. All who suffer from that harrowing moment are remembered.

Where you now stand, *October 29 Memorial Alley* is not yet complete. Still, there remain faces to be remembered and names not yet spoken. Only once every name is acknowledged, and all can tread this path safely and with respect, will it truly be complete.

May we eternally carry the names of all affected in our hearts.

Håper det går
bra med alle i
dag som husker
den kve den.

Gửi những
ai đang nhớ
về đêm ấy,
chúc bạn
một ngày
an yên.

Пусть все, кто
помнит ту
ночь, найдут
покой.

ขอให้ทุกคนที่ยังจดจำค่ำคืนนั้นได้ดี
อยู่กับวันนี้อย่างมีความสุข.

O'sha kunni eslagan
hammaga kuningiz
yahshi o'tishini tilayman

Mögen alle, die sich
an diese tragische
Nacht erinnern,
Frieden finden.

记得那个
晚上的人
啊，祈愿你
平安度过
每一天!

1029memorialalley.com

あの夜を記
憶する全て
の人々の今
日が、どうか
安寧であり
ますように.

.بر ای تمام کسانیکه آن
شب را به خاطر دارند روزی
پر آر امش آرزومندیم

ඒ රාත් රිය මතක ඇති සැමට සුබ
දවසක් වේවායි ප් රාර්ථනා කරමි

Que tous ceux qui se
souv ennent de cette nuit
aillent bien aujourd'hui.

Сол қайғылы
түнді еске
алушы
баршаңызға
бүгінгі күн
сәтті өтсін
деп тілейміз

별과 빛

어느 보통 날들에 빛을 따라 이태원을 걸었다. 해가 지기 전의 빛이 낮게 깔려 거리 곳곳에 흐른다. 붉은 벽돌로 감싸진 골목 골목에 빛이 찬다. 오가는 대화, 웃음 소리, 가뿐한 발걸음에 각기 다른 모습으로 맺혔을 어떤 날의 빛을 생각해 본다.

빛은 매일 우리 곁을 흐르고 저마다 다른 곳에 맺힌다. 순간의 아름다운 빛들은 기어코 다시 어둠 속으로 사라지지만, 당연하게도 다시 우리 곁을 흐른다. 매번 잊지 않고 찾아오는 빛은 일상처럼 언제나 흐른다. 정해 놓은 시간에 가둬 머물게 할 수 없다.

어떤 날의 기억은 우리에게 아프게 밀려 온다. 아직 빛을 보지 않은 필름은 밤처럼 까맣다. 쏟아지는 빛을 만난 까만 필름이 점차 하얗게 물든다. 각기 다른 모양을 가진 어떤 날의 기억들을 빛처럼 곁에 흐르게 두기를. 아주 어두운 곳에 가지 않아도, 밤이 오지 않아도 언제나 별을 볼 수 있기를. 별 같은 빛을, 빛 같은 어떤 별들을.

현다혜 (사진가)

Stars and Light

On ordinary days, I walked through Itaewon following the light. The light before sunset spread low, flowing across the streets. It filled the alleys wrapped in red brick. I thought of the light of some day past—light caught differently in conversations, in laughter, in light steps passing through.

Light flows beside us every day, lingering in different places. The beautiful light of a moment eventually disappears back into the dark, yet naturally returns to us again. Like daily life, light, inevitably, always flows; it cannot be locked into a set time and forced to stay.

The memory of some days crashes into us with pain. Film that has yet to see light is as black as night. When struck by a flood of light, that black film slowly turns white. May memories of different shapes, like light, continue to flow close beside us. May we see stars without needing to step into the darkest places, without waiting for night. Stars like light, and light like certain stars.

Dahye Hyun (Photographer)

사진.
현다혜, 이태원, 2024 Dahye Hyun, Itaewon, 2024
현다혜, 이태원, 2024 Dahye Hyun, Itaewon, 2024
현다혜, 별과 빛, 2024 Dahye Hyun, Stars and Light, 2024

Håper det går bra med alle i dag som husker den kvelden.

Пусть все, кто помнит ту ночь, найдут покой.

O'sha kunni eslagan hammaga kuningiz yahshi o'tishini tilayman

برای تمام کسانیکه آن شب را به خاطر دارند روزی پر آرامش آرزومندیم.

노순택, 참사 100일 되던 날 남해 바닷가에 뜬 대보름달, 2023

—— October 29 Memorial Alley remains unfinished. —— On the night of October 29, 2022, tragedy struck this very spot. —— On that fateful night, 159 souls were taken. —— Now, in this place, we sense the absence of those we lost. —— The depth of the scars this calamity inflicted on numerous lives is immeasurable. —— We hold in our hearts the victims, their grieving families, the survivors, the brave rescuers, the community of Itaewon—its residents, merchants, and workers. —— All who suffer from that harrowing moment are remembered. —— Where you now stand, October 29 Memorial Alley is not yet complete. —— Still, there remain faces to be remembered and names not yet spoken. —— Only once every name is acknowledged, and all can tread this path safely and with respect, will it truly be complete. —— May we eternally carry the names of all affected in our hearts. ——

Airtists. Noh Suntag, Youn Seonghee, Hong Jinhwon, Jeong Jaewan(Graphic design)

당신이 그러하듯, 그들이 그러했듯

어제 나는
친구 만나러 먼 길 달려 광주에 다녀왔다.
며칠 전엔 가까운 산에 올랐다.
지난달엔 서울과 파주에 다녀왔고, 거제에도 볼 일이 있었다.
몇 달 전에는 다른 나라에 다녀왔다. 다녀온 뒤에는 한동안
가까운 포구를 오갔다.
어떤 날엔 일하러, 이따금 바람 쐬러, 가끔은 뭘 사먹거나
구경하러,
밖에 나갔다.
심심한 저녁에는 초등학교 빈 운동장에서 배드민턴을 친다.

살아있는 한, 나는 움직이고 다녀온다.
당신들이 그러하듯.
그들이 그러했듯.

왜 하필 거기 갔는지, 후회하는 날도 없진 않다.
알았다면 가지 않았을 것이다.

모르기에 사는 삶, 알았다면 누가 거기와 여기에 있을까.

왜 하필 거기 갔는가, 묻는 소리.
입 잃은 이를 탓하고, 죄와 책임의 때를 묻히는 모욕의 소리들.

그 밤이 그렇게 멈추고 100일 되던 날,
2023년 2월 5일은 정월대보름이었다.
까만 하늘에 커다란 달이 떴다.

내가 사는 바닷가에선 뭍생명과 물생명의 삶과 죽음에 복을 비는
달집이 타올랐다.
불 뒤에 달이 있었다.

뉴스에선 영정을 든 유가족이 이태원을 떠나 시청광장에
우여곡절 끝에, 항의와 통곡 속에 간신히, 분향소를 차렸다는
소식이 흘러나왔다. 그 하늘엔 보름달이 없었을까.
눈물진 얼굴 뒤에 달이 있었다.

달은 오로지 앞면을 보여준다.
헌데도 어째서 우린 뒷면을 아는가.

노순택 (사진가)

As You Have, As They Did

Yesterday I traveled far to Gwangju to meet a friend.
A few days ago, I climbed a nearby mountain.
Last month I went to Seoul and Paju, and also to Geoje for
some business.
A few months back, I visited another country. After returning,
I often went back and forth to a nearby port.
On some days, I went out to work. At times, just to get some air.
Sometimes, to eat something or to look around.
On quiet evenings, I play badminton in an empty elementary
school playground.

As long as I live, I move and I go.
As you do.
As they once did.

There are days when I regret having gone somewhere in
particular.
Had I known, I would not have gone.

But life is lived without knowing. If we had known, who would
be here, or there?

"Why did you go there?" voices ask.
Voices that blame those who lost their voices, voices that smear
them with guilt and responsibility.

One hundred days after that night, on February 5, 2023, it was
the first full moon of the lunar year.
A great moon rose in the black sky.

By the sea where I live, a daljip burned—a pyre praying for the
lives and deaths of creatures on land and in water.
Behind the fire was the moon.

On the news, I heard that bereaved families, carrying portraits,
had left Itaewon and—through twists and obstacles, through
protest and wailing—finally managed to set up an altar at Seoul
Plaza.
Was there no full moon in their sky?
Behind tear-streaked faces was the moon.

The moon shows us only its face.
And yet, how is it that we know its dark side?

Noh Suntag (Photographer)

사진. 노순택, 참사 100일 되던 날 남해 바닷가에 뜬 대보름달, 2023

기각된 어떤 믿음에 대하여

나는 10월에 태어났고 누군가는 10월에 죽었다. 그럼에도 불구하고 적어도 죽음은 평등하다는 말을 믿어보려 했다. 이 세상에 단 하나라도 그저 참인 것이 있다면 숨의 처음보다는 마지막이리라 기대했다. 하지만 또 한 번 이 믿음은 기각됐다. 처음은 아니었지만, 정확히 동일한 처음의 감각으로 우리 앞에 왔다.

분명 어떤 죽음들은 끝내 죽음을 맞지 못한다. 그리고 평등한 죽음은 평등한 삶이 아니고서야 결단코 오지 않음을 산 자들의 몸에 각인한다. 그래서 그 흔적은 언제나 애도와 투쟁의 풍경으로 죽음의 자리에 남는다. 적어도 죽음은 평등하다는 애잔한 믿음을 다시금 되새기면서.

홍진훤 (사진가)

On a Dismissed Belief

I was born in October, and someone died in October. And yet, I tried to believe at least that death was equal. If there is even one thing in this world that is simply true, I expected it to be the last breath rather than the first. But once again, this belief was dismissed. It was not the first time, yet it arrived before us with exactly the same feeling as the first.

Surely, some deaths never truly reach death. And an equal death cannot come unless there is an equal life—this truth is etched into the bodies of the living. So those traces always remain, in landscapes of mourning and struggle at the site of death. Holding again that sad belief—that at least death might be equal.

Hong Jin-hwon (Photographer)

사진. 홍진훤, 일본 효고현 아카시시 JR 고베선 아사기리역 불꽃축제 압사 사고 현장, 2024

홍진훤, 일본 효고현 아카시시 JR 고베선 아사기리역 불꽃축제 압사 사고 현장, 2024

부디, 그날 밤을 기억하는 모두의 오늘이 안녕하기를 바랍니다.

あの夜を記憶する全ての人々の今日が、どうか安寧でありますように.

ඒ රාත්‍රිය මතක ඇති සැමට අද සුබ දවසක් වේවායි ප්‍රාර්ථනා කරමි.

Mögen alle, die sich an diese tragische Nacht erinnern, Frieden finden.

윤성희, 발광 신호_안동 부용대, 2024

Gửi những ai đang nhớ về đêm ấy, chúc bạn một ngày an yên.

Сол қайғылы түнді еске алушы баршаңызға бүгінгі күн сәтті өтсін дептілейміз

记得那个晚上的人啊，祈愿你平安度过每一天！

10·29 기억과 안전의 길

—— 〈10·29 기억과 안전의 길〉은 미완성입니다. —— 2022년 10월 29일 밤, 이곳에서 참사가 벌어졌습니다. —— 그날로부터 159명이 목숨을 잃었습니다. —— 지금, 여기에서 사라진 사람들의 빈자리를 봅니다. —— 이 참사가 얼마나 많은 사람들의 삶에 흔적을 남겼는지 가늠조차 할 수 없습니다. —— 희생자와 유가족 그리고 생존자와 구조자, 이태원의 지역 주민, 상인, 노동자… —— 그날의 시간을 겪는 모든 사람을 기억합니다. —— 당신이 서 있는 이곳 〈10·29 기억과 안전의 길〉은 아직 완성되지 않았습니다. —— 기억해야 할 얼굴들, 부르지 못한 이름들이 남아 있기 때문입니다. —— 아직 부르지 못한 이름을 새기고 누구나 안전하고 존엄하게 이 길을 걸을 수 있을 때 비로소 완성될 것입니다. —— 우리에겐 아직 기억해야 할 이름들이 있습니다. —— 부디, 그날 밤을 기억하는 모두의 오늘이 안녕하기를 바랍니다. ——

참여작가. 노순택, 윤성희, 홍진훤, 정재완(그래픽 디자인)

명멸하는 밤

어느 저녁 불꽃을 보았다. 대기 중에 존재하는 보이지 않는 물질들이 산소와 부딪히면서 열에너지를 내고 각자 가진 고유한 파동을 색깔로 내보이는 게 불꽃이라고 했다. 그래서 불꽃을 보면 있음과 없음의 사이에 대해, 그곳에서 부딪히는 것들에 대해 생각한다. 여기에 없는 이름과 여기서 다시 불리는 이름. '이제는 아니다'와 '아직은 아니다'. 더는 말할 수 없는 이야기와 끝내 말해질 이야기. 당신의 부재 또는 불가해함에 부딪히며 더듬어가는 '그럼에도'. 그런 것들이 색색의 빛과 열로 어둠 속에 번지는 것을 생각한다. 보이지 않는다고 없다고는 할 수 없는 것들이 명멸하며 환해지는 밤을, 또한 생각한다.

윤성희 (사진가)

A Flickering Night

One evening, I saw flames. They said flames are born when unseen substances in the air collide with oxygen, releasing thermal energy and emitting their unique wavelengths as color. So when I see flames, I think of what lies between being and not being, of the collisions that happen there. The names absent here, and the names called again here. "No longer" and "not yet." Stories that can no longer be told, and those that must, at last, be told. I think of the nevertheless that gropes its way through your absence, through your ungraspable being. I think of how such things, in hues of light and bursts of heat, spread into the dark. I think of a night made bright by what flickers into and out of sight—unseen, yet never nonexistent.

Seonghee Yoon (Photographer)

사진. 윤성희, 발광 신호_안동 부용대, 2024

봄 밤에 세월호를 타지 않아서 나는,
가을 밤에 이태원 골목을 걷지 않아서 나는,
숨을 쉴 뿐이다.

한 줌 만큼이라도 숨을 보탤 수 있을까 나는,
뒤늦게 골목을 걸었고
겨우 사진과 글자를 만지작거렸다.

좁은 골목, 한줄기 빛, 별이 된 이름들.
사망자 159명. 숫자가 이름으로 바뀌는 순간,
죽음은 더욱 무거워진다.

정재완 (디자이너)

Only because I was not aboard the Sewol Ferry
on that spring night,
only because I did not walk the Itaewon alley
on that autumn night,
I am breathing.

To add just a handful of breath,
I walked the alley belatedly,
and fumbled with photographs and words.

A narrow alley, a single beam of light, names that became stars.
159 dead. The moment numbers turn into names,
death grows even heavier.

Jeong Jaewan (Designer)

〈10·29 기억과 안전의 길〉은 미완성입니다.

2022년 10월 29일 밤, 이곳에서 참사가 벌어졌습니다. 그날로부터 159명이 목숨을 잃었습니다. 지금, 여기에서 사라진 사람들의 빈자리를 봅니다. 이 참사가 얼마나 많은 사람들의 삶에 흔적을 남겼는지 가늠조차 할 수 없습니다. 희생자와 유가족 그리고 생존자와 구조자, 이태원의 지역 주민, 상인, 노동자... 그날의 시간을 겪는 모든 사람을 기억합니다.

당신이 서 있는 이곳 〈10·29 기억과 안전의 길〉은 아직 완성되지 않았습니다. 기억해야 할 얼굴들, 부르지 못한 이름들이 남아 있기 때문입니다. 아직 부르지 못한 이름을 새기고 누구나 안전하고 존엄하게 이 길을 걸을 수 있을 때 비로소 완성될 것입니다. 우리에겐 아직 기억해야 할 이름들이 있습니다. 부디, 그날 밤을 기억하는 모두의 오늘이 안녕하기를 바랍니다.

October 29 Memorial Alley remains unfinished.

On the night of October 29, 2022, tragedy struck this very spot. On that fateful night, 159 souls were taken. Now, in this place, we sense the absence of those we lost. The depth of the scars this calamity inflicted on numerous lives is immeasurable. We hold in our hearts the victims, their grieving families, the survivors, the brave rescuers, the community of Itaewon—its residents, merchants, and workers. All who suffer from that harrowing moment are remembered.

Where you now stand, October 29 Memorial Alley is not yet complete. Still, there remain faces to be remembered and names not yet spoken. Only once every name is acknowledged, and all can tread this path safely and with respect, will it truly be complete. May we eternally carry the names of all affected in our hearts.

어떤 기억은
흐릿하다.

어떤 기억은
선명하다.

어떤 기억은
사라진다.

어떤 기억은
나타난다. 그리고

어떤 기억은
필요하다.

윤충근 (디자이너)

Some memories
are blurry.

Some memories
are vivid.

Some memories
afade.

Some memories
appear.

And some memories
are necessary.

Choong-geun Yoon (Designer)

진상규명조사 신청 및 제보 접수

10.29 이태원참사 관련 모든 피해자분들의 진상규명조사 신청과 참사 당일 사진, 음성, 영상 등을 포함한 진상규명에 필요한 제보를 받고 있습니다.

접수기간 2024.10.2.–2025.6.30.
신청방법 방문 접수
서울시 중구 삼일대로 340 나라키움저동빌딩 7층 진상규명 조사신청 접수처
이메일 1029itaewon@korea.kr
웹사이트 1029itaewoncommission.go.kr
문의전화 02-2650-1029
팩스 02-2650-1099

Application for an Investigation & Submission of Evidence

The National Commission is accepting investigation requests from all victims and their families affected by the tragedy that occurred on October 29 2022. We are also gathering the photos, audio recordings, videos, and other relevant materials related to the investigation of the incident.

Period 2024.10.2.–2025.6.30.
Address 7th floor, Narakium-jeodong Building,
340 Samil-daero, Jung-gu, Seoul, Republic of Korea
E-mail 1029itaewon@korea.kr
Website 1029itaewoncommission.go.kr
Phone +82 (02) 2650-1029
Fax +82 (02) 2650-1099

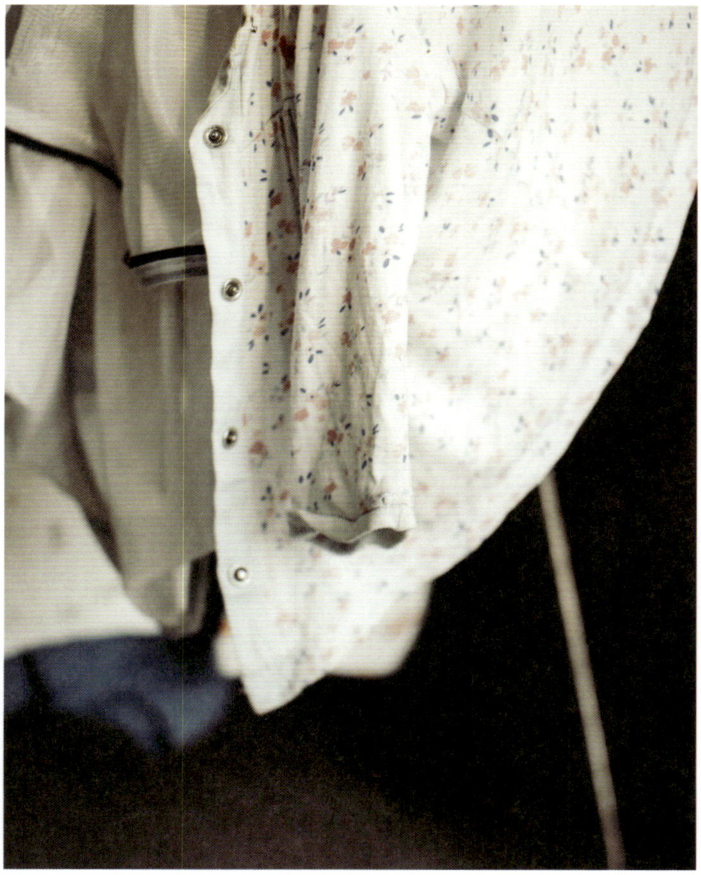

May all who remember that tragic night find peace.
Håper det går bra med alle i dag som husker den kvelden.
Пусть все, кто помнит ту ночь, найдут покой.
Gửi những ai đang nhớ về đêm ấy, chúc bạn một ngày an yên.
ඒ රාත් රිය මතක ඇති සැමට සුබ දවසක් වේවායි ප් රාර්ථනා කරමි
Mögen alle, die sich an diese tragische Nacht erinnern, Frieden finden.
O'sha kunni eslagan hammaga kuningiz yahshi o'tishini tilayman
برای تمام کسانیکه آن شب را به خاطر دارند روزی پر آرامش آرزومندیم.
あの夜を記憶する全ての人々の今日が、どうか安寧でありますように.
记得那个晚上的人啊，祈愿你平安度过每一天
Сол қайғылы түнді еске алушы баршаңызға бүгінгі күн сәтті өтсін деп тілейміз
Que tous ceux qui se souviennent de cette nuit aillent bien aujourd'hui.
ขอให้ทุกคนที่ยังจดจำค่ำคืนนั้นได้ดี อยู่กับวันนี้อย่างมีความสุข.
부디, 그날 밤을 기억하는 모두의 오늘이 안녕하기를 바랍니다.

사랑하는 사람과 결혼을 했고 시간이 흘러 그와 함께 아이를
낳았다.
서로의 언어가 다르기에 어느 때에는 아이가 울고 어느 때에는
부부가 울었다.
그간 내가 살아온 시간의 관성을 송두리째 뒤흔드는 탄생을 보고
있노라면 나의 습관을 어디에서부터 고쳐야 할지 고민이 되었다.
살아온 습관의 관성은 쉽게 바뀌지 않았지만 조금씩 조금씩
아이에게 맞춰나갔다.
가족으로부터 자유로울 수 있는 사람이 얼마나 있을까.
흘러가는 시간을 붙잡을 수 없기에 그나마 할 줄 아는
사진이라는 것으로
아이의 시간을 카메라 에 욱여넣었다.
종종 액정 속 아이의 과거를 훑는 시간을 가진다.
이게 또 그리 좋을 수가 없다.
온통 사랑이었다.
어느 날 가족이 나오는 꿈을 꾸었다.
즐거운 이야기였던 것으로 기억한다.
그러나 어떤 이유에서인지 불안했다.
가족이 나오는 꿈은 늘 불안하다.
새벽에 깨어 새근새근 잠든 둘을 보고 있어도.
2022년 10월 29일에 벌어진 비극을 기억한다.
모두가 사랑이었다.

최요한 (사진가)

I married the one I loved, and as time passed, together we had
a child.
Because our languages were different, sometimes the baby cried,
and sometimes we, as a couple, cried too.
Witnessing a birth that shook the inertia of all the time I had
lived until then, I wondered where I should begin to change my
own habits.
The inertia of lived habits does not shift easily, but little by little,
I adjusted myself to the child.
How many people can truly be free from family?
Since flowing time cannot be held back, I pressed my child's
time into my camera—the only way I knew how.
From time to time, I look back at my child's past through
a screen.
And I cannot describe how good that feels.
It was nothing but love.
One day I dreamt of my family.
I remember it as a joyful dream.
Yet for some reason, I felt uneasy.
Dreams of family always carry unease.
Even when I wake at dawn and see the two of them breathing
softly in their sleep.
I remember the tragedy that unfolded on October 29, 2022.
It was all love.

Yohan Choi (Photographer)

10·29
October 29
APPLICATION FOR AN INVESTIGATION & SUBMISSION OF EVIDENCE
The National Commission is accepting investigation requests from all victims and their families affected by the tragedy that occurred on October 29 2022. We are also gathering the photos, audio recordings, videos, and other relevant materials related to the investigation of the incident.
Peroid 2024. 10. 2. — 2025. 6. 30.
Adress 7th floor, Narakium-jeodong Building, 340 Samil-daero, Jung-gu, Seoul, Republic of Korea
E-mail 1029itaewon@korea.kr
Website 1029itaewoncommission.go.kr
Phone +82 (02) 2650-1029
Fax +82 (02) 2650-1099
진상규명조사 신청 및 제보 접수
10.29이태원참사 관련 도든 피해자분들의 진상규명조사 신청과 참사 당일 사진, 음성, 영상 등을 포함한 진상규경에 필요한 제보를 받고 있습니다.
접수기간 2024.10. 2. — 2025. 6. 30.
신청방법 방문접수
서울시 중구 삼일대로 340 나라키움저동빌딩 7층
진상규명 조사신청 접수처
이메일 1029itaewon@korea.kr
웹사이트 1029itaewoncommission.go.kr
문의전화 02-2650-1029
팩스 02-2650-1099

어떤 기억은 함께 잠들고 일어나 계단을 오르고, 지하철을 타고, 음악을 듣고, 친구들과 춤을 추고, 지는 해와 뜨는 해를 바라보며 이동하는 중일지 모른다. 겉옷을 챙길지 우산을 챙길지 고민하다가 집 밖을 나서는 중일지도 모른다. 감정이 너무 커서 언어화되지 못한 채 모호함 속에 숨어버리곤 했던 날의 자신을 자책하는 중일지도 모른다. 그럼에도, 이 거리를 함께 마주보기로 결심하는 중일지도 모른다.

어쩌면 빌보드 작업을 함께 마무리하는 중일지도 모른다. 땅속에서 뿌리를 내리고 줄기로 뻗어나가 잎을 틔우고, 씨앗을 날려 더 먼 곳으로 가 또 다른 목소리를 이 거리에 초대하는 중일지도 모른다. 누가, 어떻게 멈춰 세울 수 있을까.

"우리가 이 작업을 시작할 때만 해도 나무에 잎이 하나도 없었어요. 그런데 이제 이태원역 나무에도 초록 잎이 보여요."

기억은 오늘도 우리와 함께 자랐을 것이다.

신선아 (디자이너)

Memory may be lying down and rising with us, climbing stairs, taking the subway, listening to music, dancing with friends, moving with the setting and rising sun. It may be hesitating at the doorway, wondering whether to bring a coat or an umbrella. It may be blaming itself for those days when feelings were too heavy to become words, and so hid away in vagueness. And still, it may be deciding to face this street together.

Perhaps memory is also in the midst of completing the billboard work with us—
rooting itself underground, stretching upward into stems, budding into leaves, scattering seeds that travel further, inviting yet more voices to this street. Who could ever stop it, how?

"When we began this work, there wasn't a single leaf on the trees. But now, even the trees at Itaewon Station are showing green."

Memory, too, must have grown with us today.

Shin Sunah (Designer)

기억과 안전의 길은
Memorial Alley

미완성입니다.
Remains Unfinished.

2022년
10월 29일 밤,
이곳에서 참사가
벌어졌습니다. 그날로부터
159명이 목숨을 잃었습니다. 지금,
여기에서 사라진 사람들의 빈자리를 봅니다.
이 참사가 얼마나 많은 사람들의 삶에 흔적을 남겼는지
가늠조차 할 수 없습니다. 희생자와 유가족 그리고 생존자와
구조자, 이태원의 지역 주민, 상인, 노동자… 그날의 시간을 겪는 모든
사람을 기억합니다. 당신이 서 있는 이곳 〈10·29 기억과 안전의 길〉은 아직
완성되지 않았습니다. 기억해야 할 얼굴들, 부르지 못한 이름들이 남아 있기 때문입니다.
아직 부르지 못한 이름을 새기고 누구나 안전하고 존엄하게 이 길을 걸을 수 있을 때
비로소 완성될 것입니다. 우리에겐 아직 기억해야 할 이름들이 있습니다.
부디, 그날 밤을 기억하는 모두의 오늘이 안녕하기를 바랍니다.

On the night of
October 29, 2022, tragedy struck
this very spot. On that fateful night, 159 souls were taken.
Now, in this place, we sense the absence of those we lost.
The depth of the scars this calamity inflicted on numerous lives is immeasurable. We hold in
our hearts the victims, their grieving families, the survivors, the brave rescuers, the community of Itaewon—
its residents, merchants, and workers. All who suffer from that harrowing moment are remembered. Where you now stand,
October 29 Memorial Alley is not yet complete. Still, there remain faces to be remembered and names not yet spoken. Only once every name is
acknowledged, and all can tread this path safely and with respect, will it truly be complete. May we eternally carry the names of all affected in our hearts.

어떤 기억은 올해의 봄은 참 어렵게도 온다. 이태원을 찾을 때마다 눈과 비가 내렸다. 그런데도 거리의 나무에는 작은 싹이 돋았다. 추위를 뚫고 나온 새순은 더 선명한 초록을 띠었다. 이태원의 곳곳에서도 움이 트는 듯했다. 더디지만, 봄은 어김없이 찾아온다. 올해는 노란 꽃이 유난히 풍성하다. 급한 녀석들은 벌써 씨앗을 준비한다. 우리의 작업도, 여느 씨앗처럼 길을 오가는 많은 이의 마음에 닿기를 바란다.

김재연 (사진가)

Some memories … This year's spring arrives with such difficulty. Each time I came to Itaewon, snow or rain was falling. And yet, on the trees lining the streets, small buds emerged. New shoots breaking through the cold carried an even deeper green. It felt as though sprouts were pushing forth across Itaewon as well. Slowly, but unfailingly, spring arrives. This year the yellow blossoms are especially abundant. The hasty ones are already preparing their seeds. May our work, too—like those seeds—find its way into the hearts of many who pass along this street.

Kim Jaeyeon (Photographer)

〈10·29 기억과 안전의 길〉은 미완성입니다.

2022년 10월 29일 밤, 이곳에서 참사가 벌어졌습니다. 그날로부터 159명이 목숨을 잃었습니다. 지금, 여기에서 사라진 사람들의 빈자리를 봅니다. 이 참사가 얼마나 많은 사람들의 삶에 흔적을 남겼는지 가늠조차 할 수 없습니다. 희생자와 유가족 그리고 생존자와 구조자, 이태원의 지역주민, 상인, 노동자… 그날의 시간을 겪는 모든 사람을 기억합니다.

당신이 서 있는 이곳 〈10·29 기억과 안전의 길〉은 아직 완성되지 않았습니다. 기억해야 할 얼굴들, 부르지 못한 이름들이 남아있기 때문입니다. 아직 부르지 못한 이름을 새기고 누구나 안전하고 존엄하게 이 길을 걸을 수 있을 때 비로소 완성될 것입니다. 우리에겐 아직 기억해야 할 이름들이 있습니다. 부디, 그날 밤을 기억하는 모두의 오늘이 안녕하기를 바랍니다.

10·29 기억과 안전의 길
October 29 Memorial Alley

On the night of October 29, 2022, tragedy struck this very spot. On that fateful night, 159 souls were taken. Now, in this place, we sense the absence of those we lost. The depth of the scars this calamity inflicted on numerous lives is immeasurable. We hold in our hearts the victims, their grieving families, the survivors, the brave rescuers, the community of Itaewon — its residents, merchants, and workers. All who suffer from that harrowing moment are remembered.

Where you now stand, *October 29 Memorial Alley* is not yet complete. Still, there remain faces to be remembered and names not yet spoken. Only once every name is acknowledged, and all can tread this path safely and with respect, will it truly be complete. May we eternally carry the names of all affected in our hearts. May all who remember that tragic night find peace.

OCTOBER 29 MEMORIAL ALLEY REMAINS UNFINISHED.

구슬줄과 보라색 리본

작업을 시작하기 전에 '별들의 집'을 찾았다. 보라색 리본에 금속 구슬줄을 하나하나 꿰어내던 어느 유가족의 손이 오래도록 마음에 남았다. 여러 집회 현장에서 그 리본을 받아본 적은 있었지만, 그것이 만들어지는 과정을 직접 본 것은 처음이었다. 소중한 사람을 떠올리며 리본에 구슬줄을 꿰는 마음의 무게를 감히 가늠하기 어려웠다. 전진경 작가의 그림이 완성된 날, 그림 속의 손을 보고 그 장면이 떠올랐다. 손 주변에 글자들을 늘어뜨리고, 글자를 하나씩 나누어 구슬에 넣고 연결하는 방식으로 작업을 이어갔다. 글자들은 구슬줄처럼 이어져 문장과 문단을 만들고, 한데 모여 말풍선, 생각풍선, 혹은 따뜻한 숨결 같은 형상을 그린다. 위로의 말을 건네며, 희생자를 생각하며, 이렇게나마 함께 구슬줄을 엮어 마음의 무게를 나누어 본다.

DDBBMM (디자인 팀)

Bead Strings and Purple Ribbons

Before beginning the work, I visited the House of Stars. What stayed with me for a long time was the sight of a bereaved family member's hands, carefully threading metal beads one by one onto a purple ribbon. I had received those ribbons many times at rallies, but it was the first time I had seen how they were made. I could hardly begin to fathom the weight in their heart as they strung beads onto ribbon while remembering their loved one. On the day Jun jinkyoung's drawing was completed, seeing the hands in the picture brought that moment back to me.
I continued the work by arranging letters around the hand, placing each letter into beads and linking them together.
The letters, like bead strings, connected into sentences and paragraphs, eventually forming shapes like speech bubbles, thought bubbles, or perhaps even warm breaths. With words of comfort, with thoughts of the victims, I too tried, in this way at least, to thread beads together, sharing the weight of the heart.

DDBBMM (Design Team)

10·29 이태원 참사 피해자 지원을 위한 피해자 인정 신청 안내

이태원 참사 피해자 지원에 대한 피해자 인정 신청 접수를 받고 있습니다. 희생자 유가족, 신체적·정신적·경제적 피해를 입은 분들께서는 아래 내용을 참고하여 신청하시기 바랍니다.

접수방법 : 행정안전부 홈페이지를 참고하세요.
(mois.go.kr / 오른쪽 QR코드)
업무안내 → 사회재난실 → 10·29이태원참사피해자지원
접수기간 : 2026년 5월 20일까지
문의 : 행정안전부 10·29이태원참사피해구제추모지원단
(02.735.2990
/02.2100.4043,4048)

Сол қайғылы түнді еске алушы баршаңызға бүгінгі күн сәтті өтсін деп тілейміз.

Håper det går bra med alle i dag som husker den kvelden.

행정안전부 공지 (한국어)

MOIS Notice (English)

ඒ රාත්‍රිය මතක ඇත සැමට සුබ දවසක් වේවායි ප්‍රාර්ථනා කිරීම

Gửi những ai đang nhớ về đêm ấy, chúc bạn một ngày an yên.

How to apply : Please refer to the Ministry of the Interior and Safety website.
(mois.go.kr or by scanning the QR code on the right)
What's New → News&Notices
→ Notice on the Application for Victim Recognition of the October 29 Itaewon Disaster and Related Matters
Application period : Until May 20, 2026.
Inquiries : Ministry of the Interior and Safety's Support Group for the Relief and Remembrance of the October 29 Itaewon Disaster
(+82.2.735.2990
/+82.2.2100.4043,4048)

记得那个晚上的人啊，祈愿你平安度过每一天。

To support relief efforts for the victims of the October 29 Itaewon Disaster, applications for official victim recognition are being accepted. Bereaved family members and individuals who have suffered physical, psychological, orfinancial harm are encouraged to review the information below and submit an application.

APPLICATION FOR VICTIM RECOGNITION OF THE OCTOBER 29 ITAEWON DISASTER AND RELATED MATTERS

10·29 이태원 참사 진상규명
조사 신청 · 제보 접수

10·29 이태원 참사의 진상규명을 위하여, 참사의 피해자이거나 현장에서 목격하신 분, 알려지지 않은 참사 관련 사실관계에 대해 알고 계신 분의 진술 또는 자료 제공을 기다립니다.

접수방법 : 10·29 이태원 참사 특별조사위원회 홈페이지를 통한 온라인 제보(1029itaewoncommission.go.kr / 오른쪽 QR코드) 또는 이메일 접수(1029itaewɔn@korea.kr)
접수기간 : 2025년 12월 6일까지
문의 : 10·29 이타원 참사 특별조사위원회(02.2650.1)29)

Пусть все, кто помнит ту ночь, найдут покой.

Que tous ceux qui se souviennent de cette nuit aillent bien aujourd'hui.

ขอให้ทุกคนที่ยังจดจำค่ำคืนนั้นได้ดี อยู่กับวันนี้อย่างมีความสุข

あの夜を記憶する全ての人々の今日が、どうか安寧でありますように。

10·29 이태원 참사 특별조사위원회
National Commission for the Investigation of 10·29 Itaewon Disaster

To support the fact-finding efforts on the October 29 Itaewon Disaster, we are collecting statements and evidence from victims, individuals who witnessed the incident firsthand, and anyone who possesses information on facts that have not yet been disclosed.

How to submit
: Via website(1029itaewoncommission.go.kr or by scanning the QR code on the right)
: Via email(1029itaewon@korea.kr)
Submission period : Until December 16, 2025
Inquiries : National Commission for the Investigation of 10.29 Itaewon Disaster(+82.2.2650.1029)

SUBMISSION OF EVIDENCE AND STATEMENTS FOR FACT-FINDING ON THE OCTOBER 29 ITAEWON DISASTER

REMEMBER20221029

항상 손목에 걸고 있는 보라색 팔찌는 이태원 참사를 문득 문득 떠올리게 한다. 나는 이것을 다행이라 생각한다. 참사의 시간에 멈춰 있는 사람들을 잊지 않고 상기하는 것이, 내가 일상을 지내며 유일하게 지속할 수 있는 행동이라 생각하기 때문이다. 나는 지속하는 힘을 신뢰한다. 눈에 띄게 확연하지는 않지만 오래된 이끼처럼 자라나고 펼쳐진다. 점점 더 다양한 생명체를 품고 웅성거리며,결국 반짝인다.

나의 응시가, 우리의 연대가, 참사의 진상규명을 위한 노력들이 그 반짝거림이 되기를 바란다. 우리는 서로에게 의존하며 정교하게 연결되어 있다.

전진경 (미술가)

REMEMBER20221029

The purple bracelet I always wear on my wrist brings the Itaewon Disaster to mind again and again. I consider this a blessing. Because recalling and not forgetting those who remain frozen in the time of the tragedy feels like the only action I can continuously sustain in the flow of everyday life. I believe in the strength of persistence. It is not always obvious or striking, but like old moss it grows and spreads, sheltering more and more forms of life, murmuring together, and in the end, shining.

May my gaze, our solidarity, and our efforts toward uncovering the truth of the disaster become that shimmer. We are delicately connected, relying upon one another.

Jun jinkyoung (Artist)

October * 29
Memorial * Alley
Remains * Unfinished
On the night of October 29, 2022, tragedy struck this very spot. On that fateful night, 159 souls were taken. Now, in this place, we sense the absence of those we lost. The depth of the scars this calamity inflicted on numerous lives is immeasurable. We hold in our hearts the victims, their grieving families, the survivors, the brave rescuers, the community of Itaewon—its residents, merchants, and workers. All who suffer from that harrowing moment are remembered. Where you now stand, October 29 Memorial Alley is not yet complete. Still, there remain faces to be remembered and names not yet spoken. Only once every name is acknowledged, and all can tread this path safely and with respect, will it truly be complete. May we eternally carry the names of all affected in our hearts. May * all * who * remember that * tragic * night * find * peace *
Que * tous * ceux * qui * se * souviennent * de * cette * nuit * aillent * bien * aujourd'hui
记得那个晚上的人啊，
祈愿你平安度过每一天
10·29
기억과 * 안전의 길은
미완성 * 입니다
2022년 10월 29일 밤, 이곳에서 참사가 벌어졌습니다. 그날로부터 159명이 목숨을 잃었습니다. 지금, 여기에서 사라진 사람들의 빈자리를 봅니다. 이 참사가 얼마나 많은 사람들의 삶에 흔적을 남겼는지 가늠조차 할 수 없습니다. 희생자와 유가족 그리고 생존자와 구조자, 이태원의 지역 주민, 상인, 노동자… 그날의 시간을 겪는 모든 사람을 기억합니다. 당신이 서 있는 이곳 ‹10·29 기억과 안전의 길›은 아직 완성되지 않았습니다. 기억해야 할 얼굴들, 부르지 못한 이름들이 남아 있기 때문입니다. 아직 부르지 못한 이름을 새기고 누구나 안전하고 존엄하게 이 길을 걸을 수 있을 때 비로소 완성될 것입니다. 우리에겐 아직 기억해야 할 이름들이 있습니다. 부디, * 그날 밤을 기억하는 모두의 * 오늘이 안녕하기를 * 바랍니다
Håper * det * går * bra * med * alle * i * dag * som * husker * den * kvelden
10·29 기억과 안전의 길
October 29 Memorial Alley

기억에는*앞도*뒤도*없다
너와*나의*경계도*없다

무의식과*의식*사이서*숨
쉬다가

밤과*낮*틈에서*불현듯
비친다*어슴푸레

나는*바란다
그*기억이*길이*되어
너에게*닿을*수*있기를

그*길이*내*삶으로*이어진다면
오래도록*그곳에*머무르리라

그곳은*칠흑의*어둠*속에서도
오래*남는*빛일*것이다

김민재 (디자이너)

In memory * there is * no before * no after.
Between you * and me * there is * no boundary.

Between * unconsciousness * and awareness *
it breathes.

In the gap * between night * and day * suddenly
a dim * glimmer * appears.

I * hope
that * memory * becomes a path
and * reaches * you.

If * that path * leads to * my life
I would * stay there * for long.

Even * in the pitch-black * darkness,
that place * will be * a light * that endures.

Kim Minjae (Designer)

10·29 이태원 참사 피해자 지원을 위한 피해자 인정 신청 안내

이태원 참사 피해자 지원에 대한 피해자 인정 신청 접수를 받고 있습니다. 희생자 유가족, 신체적·정신적·경제적 피해를 입은 분들께서는 아래 내용을 참고하여 신청하시기 바랍니다.

접수 방법:
행정안전부 홈페이지 참고
mois.go.kr (아래 QR코드)
업무안내 → 사회재난실 →
10·29 이태원 참사 피해자 지원

접수 기간:
2026년 5월 20일까지

문의:
행정안전부 10·29 이태원참사
피해구제추모지원단
02.735.2990
02.2100.4043, 4048

행정안전부 10·29 이태원 참사 피해자 지원 (한국어)

Application for Victim Recognition of the October 29 Itaewon Disaster and Related Matters

To support relief efforts for the victims of the October 29 Itaewon Disaster, applications for official victim recognition are being accepted. Bereaved family members and individuals who have suffered physical, psychological, or financial harm are encouraged to review the information below and submit an application.

How to apply:
Please refer to the Ministry of the Interior and Safety website.
mois.go.kr (by scanning the QR code below)
What's New → News & Notices
→ Notice on the Application for Victim Recognition of the October 29 Itaewon Disaster and Related Matters

Application period:
Until May 20, 2026.

Inquiries:
Ministry of the Interior and Safety's Support Group for the Relief and Remembrance of the October 29 Itaewon Disaster
+82.2.735.2990
+82.2.2100.4043, 4048

the Ministry of the Interior and Safety Notice (English)

Gửi ✶ những ✶ ai ✶ đang ✶ nhớ ✶ về ✶ đêm ✶ ấy.
chúc ✶ bạn ✶ một ✶ ngày ✶ an ✶ yên
Mögen ✶ alle, ✶ die ✶ sich ✶ an ✶ diese ✶ tragische ✶ Nacht ✶ erinnern, ✶ Frieden ✶ finden
10·29 이태원 참사
진상규명 조사
신청·제보 접수
10·29 이태원 참사의 진상규명을 위하여, 참사의 피해자이거나 현장에서 목격하신 분, 알려지지 않은 참사 관련 사실관계에 대해 알고 계신 분의 진술 또는 자료 제공을 기다립니다.
접수 방법:
10·29 이태원 참사 특별조사위원회 홈페이지를 통한 온라인 제보
1029itaewoncommission.go.kr
(아래 QR코드)
또는 이메일 접수
1029itaewon@korea.kr
접수 기간:
2025년 12월 16일까지
문의:
10·29 이태원 참사
특별조사위원회
02.2650.1029
10·29 이태원 참사
특별조사위원회 (한국어)
Submission of Evidence and Statements for Fact-Finding on the October 29 Itaewon Disaster
To support the fact-finding efforts on the October 29 Itaewon Disaster, we are collecting statements and evidence from victims, individuals who witnessed the incident firsthand, and anyone who possesses information on facts that have not yet been disclosed.
How to submit:
Via website
1029itaewoncommission.go.kr
(by scanning the QR code below)
Via email
1029itaewon@korea.kr
Submission period:
Until December 16, 2025
Inquiries:
National Commission
for the Investigation of
10-29 Itaewon Disaster
+82.2 2650.1029

포옹

2022년 10월 29일 이후부터 나는 길 위에서 서로 안고 있는 사람들을 만났다.
무너지고 찢어지는 마음을 서로 포개어 감싸안는 사람들.
숭숭 뚫린 마음들이 포개지자 더 이상 그 안으로 차갑고 날카로운 바람이 들어서질 못했다.
서로의 가장 연약한 안쪽을 기꺼이 내어주는 사람들.
살아남았음을 미안해하고, 살아남았기 때문에 책임지려는 사람들.
나는 그런 사람들을 보며 구원을 믿기 시작했다.
안고 있는 사람들의 팔과 팔 사이, 가슴과 가슴 사이, 눈물과 눈물 사이에는
저마다의 기억이 자리 잡고 있었다.
포옹이 그리도 벅찬 따스함을 전해주는 까닭은
기억 속에 영혼이 살고 있기 때문이다. 그러므로 기억을 품고 있는 사람을 안는 것은 곧 그 사람이 품고 있는 영혼을 안는 것이다.
그날을 기억하며 자신의 품을 내어주는 선한 사람들이 분명 이 세계를 구원해 줄 것이다.
그러니, 그날을 기억하며 살아남은 사람들을 지키는 일이야말로 이 세계를 지키는 일이리라.

권은비 (미술가)

Embrace

Since October 29, 2022, I have seen people on the street holding one another.
People wrapping their broken, torn hearts together in an embrace.
When those hollowed hearts overlapped, no cold or sharp wind could pierce through anymore.
People willingly offering up their most fragile inner selves.
People who felt guilty for surviving, and people who sought to take responsibility because they survived.
Watching them, I began to believe in salvation.
Between arms and arms, between chests and chests, between tears and tears—
memories dwelled there.
The reason an embrace conveys such overwhelming warmth is because within memory, souls live. Thus, to embrace someone who carries memory is to embrace the soul that memory holds.
The good people who open their arms while remembering that day will surely be the ones to save this world.
And so, protecting those who survived and who remember that day is protecting this world itself.

Eunbi Kwon (Artist)

다시는 반복되지 않기 위한 다짐

이태원은 다양한 문화가 공존하는 자유와 융합의 공간입니다. 2022년 10월 29일, 수많은 사람들이 일상에서 잠시 벗어나 자유를 만끽하고 문화의 다양성을 즐기기 위해 이곳으로 찾아왔습니다.

하지만 그날, 이곳에 시민들의 안전을 책임져야 할 국가는 존재하지 않았습니다. 총 15개국, 158명이 서울 시내 한복판의 골목에서 영문도 모른 채 삶을 마감해야만 했습니다. 수많은 생존자, 구조자들은 지울 수 없는 트라우마를 가지게 되었습니다.

아픔을 치유해야 할 국가는 존재하지 않았습니다. 오히려 비난하고 방치한 탓에 살아 돌아온 1명은 하늘의 별이 되었습니다.

이 길은 그 모든 이들을 기억하기 위한 곳입니다. 또한 책임을 다하지 않은 자들을 잊지 않기 위한 곳입니다. 그리고 다시는 이런 일이 반복되지 않기를 다짐하기 위한 곳입니다.

10·29 이태원참사 유가족협의회

A pledge so that it never gets repeated

Itaewon is a place of freedom and fusion where diverse cultures coexist. On October 29, 2022, countless people came here to step away from their daily lives for a while, to savor freedom, and to enjoy cultural diversity.

But that day, the state—which should have borne responsibility for the safety of its citizens—was absent. 158 people from 15 countries lost their lives on a narrow street in the middle of Seoul, without even knowing why. Countless survivors and rescuers were left with indelible trauma.

The state that should have provided healing was nowhere to be found. Instead, because of its blame and neglect, one survivor returned to the sky as a star.

This street exists to remember all of them. It also exists to never forget those who failed to fulfill their responsibility. And it is here to pledge that such a tragedy must never happen again.

Council of the Bereaved Families of
the 10/29 Itaewon Disaster

함께 기억하는 것이 우리를 나아가게 합니다.

우리는 기억합니다. 2022년 10월 29일의 밤을.
159명이 사라져간 시간과 그날이 우리 삶에 남긴 흔적을.
정부의 부재와 책임지지 않는 무능함을.
오히려 피해자들에게 책임을 떠넘기는 뻔뻔함을.

그래서 곁이 되려했습니다.
가족, 친구, 사랑하는 사람을 잃은 이들이
부상 당하고 마음을 다친 이들이
한 명이라도 더 살리려 애썼던 이들이
늘 오가던 골목에서 일어난 사건에 숨 한번 크게 쉬지 못한 이들이
서로의 곁을 지키기 위해 노력했습니다.

함께 기억하고 싶었습니다.
2022년 10월 29일 일어난 참사가 슬픔에만 머무는 것이 아니라,
떠나간 이들을 기억하고 추모하고 애도할 수 있는 날이 되도록
그들이 떠나간 자리에서 다시 살아갈 힘을 얻을 수 있도록
참사 현장에 '10·29 기억과 안전의 길'을 조성하게 되었습니다.

이 과정은 결코 쉽지 않았습니다.
서로의 다름을 마주하는 일은 간단하거나 명료하지 않습니다.
그럼에도 우리는 함께하고 서로를 존중하며 대화를 이어 나갔습니다.
그렇게 서로의 곁을 내주며 이 길,
기억 공간을 만들어 가고 있습니다.

누군가는 잊으라 하고, 기억을 지우라 합니다.
그럴수록 우리는 기억하기를 멈추지 않을 것입니다.
함께 기억하는 것은,
같은 참사가 반복되지 않을 사회로 나아갈 수 있게 하는 힘이기 때문입니다.
'10·29 기억과 안전의 길'에서
우리는 평등하고 안전한 사회를 꿈꿉니다.
이 길을 걷는 당신에게도 그 마음이 닿을 수 있기를 바랍니다.

10·29 이태원 참사 시민대책회의

Remembering together is what keeps us moving forward.

We remember the night of October 29, 2022.
The time when 159 lives were lost, and the traces that night left on our lives.
The absence of the government and its lack of accountability and incompetence.
The shamelessness of shifting blame onto the victims themselves.

That is why we wanted to stand by each other.
Those who lost family, friends, and loved ones,
those who were injured in body and in heart,
those who struggled desperately to save just one more life,
those who could not even take a full breath on the street they had always passed through,
all stayed beside one another.

We wanted to remember together.
So that the tragedy of October 29, 2022 would not remain only in sorrow, but would become a day to remember, to mourn, and to honor those who are gone.
So that from the place where they departed, we may find the strength to live again, we have created the "10/29 Street of Memory and Safety" at the site of the tragedy.

This process has never been easy.
Facing each other's differences is neither simple nor clear.
Yet we continued working together, respecting one another and keeping the dialogue alive.
By offering space to each other, we are building this street, a space of memory.

Some tell us to forget, to erase the memory.
The more they say it, the more we will not stop remembering.
Because remembering together
is the very strength that allows us to build a society where such tragedies will not be repeated.
On the "10/29 Street of Memory and Safety,"
we dream of a society that is equal and safe.
And we hope that as you walk this street, that dream may reach you too.

Citizens' Council for the 10/29 Itaewon Disaster

2025년 10월 29일, 이태원참사 3주기를 맞이하는 지금도 우리는 이 참사의 부상자가 몇 명인지 알지 못합니다. 경찰은 196명, 검찰은 294명, 행정안전부는 320명으로 집계하고 있습니다. 이태원참사의 희생자는 159명이지만 숫자만으로 이 참사를 설명할 수는 없었습니다.

2022년 10월 29일 이후 겨울이 지나고 봄, 여름을 통과하고 다시 가을, 겨울이 오는 동안 참사가 일어난 길에서 여러 사람들을 만났습니다. 계절이 변하는 동안 이태원의 좁고 긴 길에서 하염없이 우는 사람, 정성스레 꽃을 들고 온 사람, 포스트잇에 마음을 담는 사람들을 만났습니다. 그리고 그 길에서 고통을 무릅쓰고 참사의 진실을 찾기 위해 나선 유가족들을 만났습니다. 그 길에서 여러 사람들을 만나며 '기억하기'는 곧 '실천하기'의 다른 말이라는 것을 알았습니다. 기억을 실천하는 사람들의 이야기가 이 길에 계속 남았으면 좋겠다고 생각했습니다.

이태원참사 1주기를 앞둔 2023년 10월 26일, 참사 현장이었던 길 위에 세 개의 빌보드가 세워졌습니다. 여러 사람들이 힘을 모아 참사가 일어났던 길에 '10·29 기억과 안전의 길'이라는 이름이 지었습니다. 그동안 '10·29 기억과 안전의 길'에 세워진 세 개의 빌보드는 이태원 참사를 기억하는 사람들의 이야기를 담아왔습니다. 2년 동안 사진가, 미술가, 시인, 디자이너 총 25명의 예술가들이 마음을 모아 주었습니다. 세 개의 빌보드는 참사를 잊지 않고 진실을 반드시 밝히겠다는 마음으로 2개월마다 교체되어 새로운 빛으로 길 위를 비췄습니다. 기억이란 끝이 없기에 사람들의 이야기가 끊임없이 이 길 위에서 전해지길 바라는 마음들을 이어갔습니다. '10·29 기억과 안전의 길'은 앞으로도 '이태원참사'라는 말 앞에 멈춰 있는 것이 아니라 '기억하다'라는 '동사'를, 그것을 이루고 있는 것들에 대해 보여줄 수 있는 길이 되고자 합니다. '10·29 기억과 안전의 길'은 이태원참사의 유가족들, 활동가 그리고 지역 상인들이 함께 만들었습니다. 그러나 이 길은 아직도 미완성입니다. 우리에겐 아직 기억해야 할 이름들이 있기 때문입니다.

우리 앞에는 아직도 10·29 이태원참사 앞에 놓인 수많은 질문들이 놓여있습니다. 그러므로 더 많은 사람들을 '10·29 기억과 안전의 길'에서 만났으면 좋겠습니다. 더 많은 사람들이 참사를 이루는 고통을 마주할 용기를 가져줬으면 좋겠습니다. 힘든 세상, 더 힘들고 고통스러운 이야기는 보지 않겠다가 아니라 기꺼이 보고, 읽고, 연대할 때 참사의 폐허 속에서도 살아남은 기억들이 결국 이 처참한 세계를 구할 수 있을 것이라 믿고 싶습니다. 앞으로도 '10·29 기억과 안전의 길'에서 지금도 어딘가에서 외롭게 슬픔과 싸우고 있는 목격자, 생존자, 피해자들의 안부를 묻고자 합니다.
"부디, 그날 밤을 기억하는 모두의 오늘이 안녕하기를 바랍니다"

'10·29 기억과 안전의 길' 예술감독 권은비

October 29, 2025—on the third anniversary of the Itaewon Disaster, we still do not know how many were injured. The police count 196, the Public Prosecutors 294, and the Ministry of the Interior and Safety 320. The number of lives lost is recorded as 159, but numbers alone can never capture what this disaster was.

Since that night of October 29, 2022, through winter, spring, summer, and into fall and winter again, I have met many people on the very street where the tragedy unfolded. On Itaewon's narrow and long street, I met people who wept endlessly, those who came carrying flowers with care, and those who poured their hearts on sticky notes. On that street, I also met bereaved families who, despite their grief, set out to uncover the truth of the disaster. Meeting people there taught me that to remember is another way of saying to act. And I wished that the stories of those who put remembering into practice would remain here, along this street.

On October 26, 2023, just before the first anniversary, three billboards were erected on the site of the tragedy. Many joined forces to name the street where it happened: the "10/29 Street of Memory and Safety." Since then, those three billboards have carried the stories of people remembering the Itaewon Disaster. Over two years, 25 artists—photographers, visual artists, poets, and designers—have shared their hearts. Every two months, the billboards were renewed, shining new light on the street, with the promise that the truth will not be forgotten. Because memory has no end, people kept alive the hope that stories will continue to be shared on this street.

The "10·29 Street of Memory and Safety" seeks not to remain stuck before the words "Itaewon Disaster," but to show remembering as a verb and what it consists of. This street was created together by the bereaved families, activists, and local merchants. Yet it is still unfinished. Because there are names we must still remember.

Before us still lie countless unanswered questions about the Itaewon Disaster. That is why I want to meet more people on the "October 29 Memorial Alley" I hope more will find the courage to face the pain this tragedy has brought. In a harsh world, let us not turn away from hard and painful stories, but instead choose to see, to read, to stand in solidarity. For I want to believe that the memories which survived in the ruins of the disaster may, in the end, help save this broken world. On this street, we will continue to ask after the wellbeing of witnesses, survivors, and victims—those who, somewhere even now, struggle in loneliness against their sorrow.

"May all who remember that night find peace today."

Eunbi Kwon, Art Director of
the "October 29 Memorial Alley"

사진. 권은비

emart
24
DELICIOUS IDEA
해밀톤 골프샵
010-3772-4268
B1
Atelier
OCTOBER 29

사진. 권은비

사진. 최형락

사진. DDBBMM

10·29 기억과 안전의 길
OCTOBER 29 MEMORIAL ALLEY

사진. 정재완

우리에겐 아직 기억해야 할 이름들이 있습니다

사진. 권은비